Das neue Hannover

Das neue Hannover

Bilder von Dirk Meußling
Texte von Imre Grimm

schlütersche

Inhalt

Einleitung

Wer Hannover erobern will, der muss sich ein bisschen Mühe geben. In den Charme dieser Stadt verliebt man sich nicht zur Sekunde. Das geht nicht so holterdiepolter. Denn: hier geht wenig holterdiepolter.

Aber ein bisschen Mühe kann man schon verlangen, denn diese Stadt ist der Mühe wert. Bei den meisten, die Hannover verfielen, war es Liebe erst auf den zweiten oder dritten Blick. Dann aber richtig. Die vermeintlich graue Maus Hannover ist eine Schönheit geworden. Falsch! - eine Schönheit geblieben. Eine spröde Schönheit, keine Diva. Und zwar nicht, weil sie es nicht könnte, weil sie es nicht schaffen würde, mit ein bisschen Grandezza, Lametta und großstädtischem Getöse zur Metropole zu werden, sondern weil sie es nicht will. Das ist ein wesentlicher Unterschied, den wir Hannoveraner genau kennen, aber nicht bei jeder Gelegenheit erklären müssen. Wir kennen uns und unsere Stadt. Wir haben das Wissen um die Vorzüge Hannovers exklusiv, und das gefällt uns eigentlich ganz gut – auch wenn wir manchmal jammern über die Nichtbeachtung andernorts.

Hannover ist keine »Ja, aber ...«-Stadt mehr, sondern eine »Aber ja!«-Stadt. Kein Hannoveraner verschweigt mehr seine Herkunft, sagt, er lebe »südlich von Hamburg« oder »westlich von Berlin«. Hannover steht nicht mehr nur für »CeBIT«, »Expo» und »Messe«, sondern für sich selbst.

Eigenlob ist unsere Sache nicht. Der souveräne Hannoveraner, durch Spott gestählt, genießt und schreit nicht ständig »Wir sind auch ganz toll.« Das Breitbrüstige ist uns fremd. Mit umso mehr Erstaunen – und stiller Genugtuung – stellen wir fest, dass Hannover immer mehr Freunde gewinnt. Diese Stadt spricht sich herum. Man kommt, sieht, staunt – und schämt sich im Stillen vielleicht ein bisschen seiner Vorurteile. Besuchte Karl Marx heute das neue, alte Hannover, er würde nicht schreiben, Hannover habe »einen großen Nachteil – die Atmosphäre ist zum Bersten langweilig«. Erstens ist Marx schon weitaus größeren Irrtümern erlegen. Und zweitens ist Hannover nicht zum Bersten langweilig.

»Einerseits sind wir gern die ferne, nicht internationalisierte Provinzstadt und behalten unsere Delikatessen für uns«, schrieb der Journalist Helmut Rieger. »Andererseits mögen wir nichts lieber, als wenn jemand herkommt und herumschaut und es dann doch wunderbar findet.«

Aber man muss genau hinschauen in dieser Stadt. Daran hat sich nichts geändert. Rekorde liegen hier nicht auf der Straße. Hannover drängt sich nicht auf. Sein Rathaus ist nicht das größte Rathaus Europas, aber das einzige mit Schrägaufzug. Sein Herrenhäuser Garten ist nicht der größte Barockgarten der Welt, aber der einzige unveränderte. Und Gottfried Wilhelm Leibniz baute nicht die erste Rechenmaschine der Welt, sondern die erste funktionierende. Hannoveraner nehmen die Dinge genau. Das hat ihnen bisher nicht geschadet.

Diese Stadt hat sich verändert. Sie ist bunter geworden, geschäftiger, schneller, wacher. Sie ist stählerner geworden und gläserner. Sie ist entspannter und nachsichtiger geworden und neugieriger auf ihre Gäste. Sie ist mutiger geworden und lebendiger. Sie hat ihr Haupt kühn erhoben, aber mit einem Lächeln. Sie freut sich an sich selbst. Selbstbewusst, nicht selbstverliebt. Sie hat Strahlkraft entwickelt und sich ein neues Gesicht gegeben, aber die Seele dahinter ist die alte. Dieses Wechselspiel aus Verlässlichkeit und Aufbruch, diese behutsame Erneuerung auf dem festen Sockel einer klaren Identität, will dieses Buch in sechs Kapiteln beschreiben: Ankommen, Wohnen, Leben, Lernen, Arbeiten und Luft holen in Hannover.

»Hannover ist eine nüchterne, säuberliche Stadt, die, am Maschsee etwa, geradezu etwas von Zürich hat, eine staubtrockene Wohlhabenheit, eine wohlrestaurierte Geheimnislosigkeit und Solidität«, dichtete die FAZ. Früher wären wir stolz darauf gewesen, mit einer Weltstadt wie Zürich verglichen zu werden. Heute lächeln wir milde. Denn »nüchtern« nennen uns immer diejenigen, die sich nicht vorstellen können, auch ohne Großkotzigkeit glücklich zu sein.

Aber wir werden nicht wieder ins Jammern verfallen. Wir wissen es ja besser.

Ankommen

Was ist mit dieser Stadt geschehen?

Mehr Licht! – Die neue Gelassenheit

Die Liebe zu den drei fetten Damen

»Warte, warte nur ein Weilchen ...«

Ein Parkplatz namens Hillebrecht

Von C-Terminals und D-Linien

»Ein wenig Ruhmredigkeit«

Nicht wild auf Metropole geschminkt

Das Spaßvolk am Rushplatz

Wer ankommt, der will bleiben

»Zehn Jahre ist er im Ausland gewesen,
Hat nicht gesehen den Leinestrand,
Und als er zurückkam nach Hannover,
Da hat er es fast nicht wiedererkannt.«

aus: Hermann Löns, »Erkennungszeichen/Beschreibung der Stadt Hannover«)

Es waren bewegte Zeiten in der preußischen Provinzhauptstadt Hannover, als Hermann Löns vor rund 100 Jahren, damals ein knorriger Lokalreporter, diese Verse schrieb. Die ersten elektrischen Straßenbahnen schnurrten durch die ersten asphaltierten Straßen, die im Sommer noch klebrig und weich waren. Dicker Rauch quoll aus frisch gemauerten Fabrikschornsteinen. Die alten Pferdebahnen verschwanden, die Stadt änderte sich rasant.

Es war eine Zeit, als in raschem Tempo auf dem Alten Neues entstand.

An diese Bewegung von einst, hinein in eine veränderte Gegenwart, hat Hannover in den letzten Jahren wieder angeknüpft. Die Stadt hat Fahrt aufgenommen. Bahnhöfe, Flughafen, Schnellwege und das U-Bahnnetz haben den spröden Charme der sechziger und siebziger Jahre abgestreift. Und der Besucher, der am Abend aus dem Portal des hannoverschen Hauptbahnhofs auf den Ernst-August-Platz tritt, vielleicht zum ersten Mal zu Gast in Hannover, hastet nicht mehr mit hochgezogenen Schultern zum Taxistand, argwöhnend, dass es sich kaum lohnen würde, den Blick zu heben auf das graue Einerlei ringsum. Sondern er bleibt stehen. Blickt sich um. Und fragt sich: Was, bitte, ist mit dieser Stadt geschehen?

Ein Netz von Lichtern taucht den Platz in ein diffuses, warmes Licht. Sandfarbene Natursteinplatten haben das alte Pflaster ersetzt. Zwei angeleuchtete Brunnen glitzern links und rechts des Haupteingangs. Von irgendwoher erklingt Musik.

Ankommen in Hannover.

Es ist nicht mehr viel zu sehen von der Waschbeton-Pest vergangener Jahrzehnte. Der Hauptbahnhof ist für 180 Millionen Mark aufgefrischt worden; mit glasüberdachten Lichtschächten, stählernen Aufzügen und einer unaufdringlichen Glasfassade vor dem alten Backsteinkern. Aus Europas ältestem Durchgangsbahnhof – der das Vorurteil mitbegründet hat, Hannover eigne sich bestenfalls zum Durchfahren – ist eine Mischung aus geschäftiger Markthalle und internationalem Verkehrsknotenpunkt geworden. Der Hannoveraner geht heute auch dann zum Bahnhof, wenn er gar nicht weg will, was oft der Fall ist, weil ihm seine Stadt im Grunde genügt. Und vor dem Bahnhof steht seit 1861 das Reiterdenkmal von König Ernst August, dem eitlen Monarchen, dem es einst überhaupt nicht gefiel, »dass jeder Schuster und Schneider so schnell reisen kann wie ich«.

Vor dem Bahnhof ist es freundlicher geworden und entspannter. Den Autolärm, den man anderswo für ein wichtiges Requisit weltstädtischer Größe hält, haben die Hannoveraner größtenteils aus ihrer Innenstadt verbannt. Für sie sind Hupkonzerte nicht die Musik der Metropolen, sondern einfach nervtötend. Also weg damit.

Bild vorherige Seite
Abendhimmel über Hannover

Lufthansa Service
SKY Chefs

Willkommen in Hannover Ernst-August-Platz vor dem renovierten Hauptbahnhof

Licht und Luft zur Begrüßung Die neue Promenade im Bahnhof

Warum nur fühlt sich diese Stadt plötzlich so anders an? Vielleicht ist es wie bei Menschen: Wer in sich selbst ruht, wirkt attraktiv auf andere. Und weil sich Hannover zur Expo im Sommer 2000 nicht mit Tatütata und Glitzer wild auf Metropole geschminkt, sondern geschickt modernisiert hat, schimmert heute eine neue, dezente Eleganz durch die Straßen der früheren Residenzstadt. Hannover ist dabei, seine strenge, manchmal dickköpfige Sachlichkeit zu verlieren. Unwahrscheinlich, dass heute noch ein älterer Lister Bürger bei der Planung einer Fußgängerzone mit Straßencafés wie der Lister Meile empört einwenden würde: »Ein Hannoveraner sitzt nicht auf der Straße, merken Sie sich das!« Und auch ein Gotteshaus wie die Marktkirche, mit deren Bau im 14. Jahrhundert begonnen wurde, als Hannover gerade 4000 Einwohner hatte, öffnet sich heute Fernsehtalkshows.

Was geblieben ist (und was auch Neuankömmlinge schnell bemerken): Die eigentümliche Schrägheit der hiesigen Bevölkerung. Eine verschwurbelte Rätselhaftigkeit, die Süddeutsche als engstirnige Miesepetrigkeit missverstehen, und die doch etwas ganz anderes ist: aus Ehrlichkeit geborene, brummelige Originalität. »Als typische Eigenschaften darf man bezeichnen: Gutmütigkeit, Treuherzigkeit, Redseligkeit (aber langsamen Tempos), eine etwas naive Neugierigkeit, gelegentlich ein wenig Ruhmredigkeit, zur Philisterei geneigtes Biedermannstum, bei aller Tüchtigkeit Hang zur Bequemlichkeit mit Kaffeeklatsch, Kegelschieben und Vereinsmeierei und einen durch nichts zu erschütternden Glauben an die Vortrefflichkeit der eigenen Sitten und Konventionen bei zugleich doch wieder kritiklosem Respekt vor dem ganz Fremdartigen und dem besonders ‚Weithergebrachten'«, beschrieb der Psychologe und Philosoph Ludwig Klages den Hannoveraner und resümiert: »In alledem dürfte er sich wenig unterschieden haben vom besser gestellten Spießbürgertum mittelgroßer Städte.«

Die Hannoveraner nahmen Klages' Beschreibung zur Kenntnis. Aber wer jetzt subtile Rache vermutet, weil sie viel später einem zentral gelegenen, wenig attraktiven Parkplatz den Namen »Klagesmarkt« gaben, der irrt: Der Klagesmarkt ist nach der Kapelle Sankt Nikolai benannt. Aus dem Niederdeutschen Wort »Klaas« für »Nikolaus« entwickelte sich »Klages«.

links
Ins Blaue fahren S-Bahn-Station in Leinhausen
oben
Kunst im Keller U-Bahn-Station am Kröpcke

oben
Menschen im Verkehr Straßenbahn-Station und Anzeigerhochhaus am Steintor
unten
Hannover ist geradeaus »Bus Stop« vor dem Neuen Rathaus am Friedrichswall

Umsteigen ist keine Kunst U-Bahn-Station am Kröpcke

Hannoveraner lieben es, nach dem Weg gefragt zu werden. Aber sie tun mit Lust so, als brächten sie ein Opfer dar. Hier mag man nicht automatisch, was dem Rest der Welt gefällt. Und was der Rest der Welt ablehnt, davon ist Hannover auf fast manische Weise fasziniert. Massenmörder zum Beispiel. Eigentlich schlechte Menschen. Aber Hannover pflegt hartnäckig das Andenken eines gewissen Fritz Haarmann, Gauner und Polizeispitzel, der bis 1924 mindestens 24 Jünglinge und Strichjungen in sein Bett lockte, ihnen dort im Rausch die Kehle durchbiss, die Leichen mit einem Kartoffelmesser zerteilte und die Gebeine in einer Dachwohnung in der Roten Reihe 2 versteckte, in der Leine versenkte oder gar – so will es zumindest die Legende – zu Fleischkonserven verarbeitete. Fast 40 Menschen hat er getötet, am 14. April 1925 wurde Haarmann geköpft. Die Hannoveraner waren zugleich erschüttert und fasziniert und ließen ihren Volksmund die Verse finden: »Warte, warte nur ein Weilchen / Dann kommt Haarmann auch zu Dir / Mit dem kleinen Hackebeilchen / Und macht Schabefleisch aus Dir. / Aus den Augen macht er Sülze / aus dem Hintern macht er Speck / aus den Därmen werden Würste / Und den Rest, den schmeißt er weg.«

Ins Herz geschlossen haben sie außerdem drei fette Damen, deren Bewunderungswürdigkeit der Rest der Welt ebenfalls skeptisch beurteilt. Die drei Nanas der französischen Künstlerin Niki de Saint Phalle, heute statistisch gesehen das Hauptmotiv auf jeder zwokommasiebten Postkarte aus Hannover, stehen seit 1974 am Hohen Ufer. Und nach ersten Berührungsängsten, ausgetragen in Leserbriefspalten (»Ekelhafte Scheußlichkeiten«) und Unterschriftenlisten (»Kulturschande!«) liebt Hannover heute Niki de Saint Phalle, und Niki de Saint Phalle liebte Hannover, bis sie im Mai 2002 starb. Im Jahr 2000 schenkte sie der Stadt 300 ihrer Werke. Einen Teil davon zeigte das Sprengelmuseum in einer erfolgreichen Ausstellung – »La fête«. Zum Gedenken an die große Künstlerin Niki de Saint Phalle trägt die neue Passerelle ihren Namen.

Und wenn heute ein fehlgeleiteter Graffitisprayer von Auswärts die Nanas beschmuddelt, redet zur Strafe niemand mehr mit ihm. Nicht einmal die anderen Graffitisprayer.

Nicht nur der Nanas wegen: Ankommen macht Spaß in Hannover – per Zug, Flugzeug und Auto. Und es ist sehr einfach, seit Stadtbaurat Rudolf Hillebrecht ab 1949 die »autogerechte Stadt« proklamierte. Drei Fünftel der Stadt waren zerbombt, und Hillebrecht ließ breite Schneisen durch die Trümmerberge schlagen. Viel von dem, was von der verhassten »alten Architektur« stehengeblieben war, fiel nicht Bomben, aber in Hillebrechts Auftrag der Abrissbirne zum Opfer (und wird heute schmerzlich vermisst). Ein Schnellwegesystem rund um das Stadtzentrum entstand. Hochstraßen und 72 Kreisel, viel zu viele für die paar Autos in den Nachkriegsjahren, ließ er bauen. Hillebrecht sah weit, sehr weit, in die automobile Zukunft – aber doch nicht weit genug. Dass die Menschen die Straßen und Plätze, mürbe geworden von der Blechflut, eines Tages zurückfordern würden – das hat er nicht vorhergesehen. 15,5 Prozent der 3100 Hektar großen Stadt Hannover sind Verkehrsflächen. Das ist heute nicht viel im Vergleich, aber es war eben jahrzehntelang viel mehr als anderswo.

Als Deutschland mühsam wieder auf die Beine kam, waren breite, schwarze Asphaltstraßen Balsam auf die gekränkten Seelen, Symbole des Wiedererstarkens. 1959 schrieb der »Spiegel« begeistert vom »Wunder von der Leine«. 32 Jahre später klang das bei »Spiegel«-Gründer Rudolf Augstein anders: »Ich fand die Stadt schön«, urteilte er 1991 über das Vorkriegs-Hannover. »Aber was nach Zerstörung und Wiederaufbau aus ihr wurde, steht auf einem anderen Blatt.«

Um Hillebrecht posthum zu rügen für die »zweite Zerstörung« der Stadt, taten die Hannoveraner in den neunziger Jahren wirklich, was im Fall Klages nur ein Gerücht ist: Sie benannten einen Parkplatz nach dem Mann. Aber die Zeiten, als breite Schnellstraßen bis ins Zentrum, zugige Plätze und ein trauriger Beton-Koloss wie das gigantische Ihme-Zentrum (manche sagen auch zärtlich »Ihme-Zementrum«) als Idealbild des deutschen Städtebaus galten, sind vorbei.

Zurück ins Heute und ins Stadtzentrum. Ein anderer Betonfriedhof machte Karriere: Der Raschplatz hinter dem Hauptbahnhof, lange Zeit einer der am meisten vernachlässigten Plätze der Stadt, heißt seit ein paar Jahren endlich zu Recht Raschplatz (und müsste eigentlich *Rush*platz heißen). Am Wochenende hastet hier das Spaßvolk durch die Nacht, begehrt Einlass zu den Partys in Lounges, Kinos und Diskotheken. Anschließend geht‘s per »Nachtsternverkehr« (das schönste Wort der Welt für »sicher nach Hause kommen«) ins Bett. Hannovers U-Bahnen sind nicht mehr grün, sondern silberfarben. Und die Stationen sind nicht mehr grau, sondern bunt: grüngelbes Mosaik am »Kröpcke«, leuchtend blaue Glasbausteine in »Leinhausen«, ziegelroter Backstein am »Königsworther Platz«. Zum Kronsberg fährt die neue D-Linie, am ständig wachsenden Flughafen Langenhagen entstand das C-Terminal. Hannover hat sich neu buchstabiert und frisch gestrichen.

Ankommen macht Spaß in Hannover. Und wer hier angekommen ist, der will bleiben.

Wie lange ist das jetzt her? Expo-Uhr am »Platz der Weltausstellung« im Zentrum

»Und alles bar bezahlt, Majestät!« Neues Rathaus und Maschteich

Zeit zum Einkaufen Shopping rund um die Kröpcke-Uhr

KARSTADT
DEICHMANN
H&M

Alt statt neu Marktkirche und Altes Rathaus an der Karmarschstraße

Erste Adresse Innenhof Ausruhen im Atrium des Alten Rathauses

oben
Ein Blick, zwei Machtzentren Leineschloss und Neues Rathaus
unten und rechts
Nur noch ein Hauch von alten Zeiten Brunnen vor dem Leibnizhaus, Spaziergänger in der Altstadt

Geliebte Matronen Nanas zwischen Flohmarktbesuchern am Leineufer

Gucken kostet nichts Trödelfreunde bei der Arbeit

»Ins Gebet genommen« TV-Diskussion in der Marktkirche

»Groß« und »zügig« ergibt »großzügig« Verkehrsader an der Waterloosäule

Wohnen

Das Geheimnis einer Stadt

Das Zentrum im Zentrum im Zentrum

Ein Stück Mittelschicht in Linden-Süd

Der Kronsberg-Satellit

Neues Leben in alten Mauern

Die Südstadt ist Rot-Grün

Im Biergarten »Gretchen« ist für immer 1976

»Zuhause? Das ist bei mir das schöne Hannover«

»So wenig ein in die Augen fallender Luxus, wie er sonst in Residenzstädten und in großen Handelsplätzen wahrzunehmen ist, in Hannover sichtbar wird, so sehr zeigt sich dieser im innern Leben der Einwohner. Hannover prangt nicht mit kostbaren Prachtgebäuden. Freundlich sind aber die Wohnungen, und je höher der Mietzins steigt, je mehr sucht jeder seinem altväterlichen Haus ein neues Gewand zu geben. So klein auch die Zahl der in schönen oder nur gefälligen Formen erbauten Häuser ist, so gewinnt doch jährlich das Äußere der Stadt.«

aus: Burckard C. von Spilcker,
»Historisch-topographisch-statistische Beschreibung
der königlichen Residenzstadt Hannover«, 1819

»Lebensqualität« ist eine feine Sache, aber ein schreckliches Wort. Fast so schrecklich wie »attraktives Umfeld«. Beide Begriffe schlagen alles Schöne, alles Angenehme, was sich dahinter verbirgt, mit einer leeren Worthülse tot. Worte wie »Lebensqualität« und »attraktives Umfeld« werden von Verwaltungsbeamten und Immobilienmaklern verwendet, die von statistischer Akkuratesse besessen versuchen, die durchschnittliche Kilometerzahl zum nächsten Supermarkt, zur nächsten U-Bahn-Haltestelle, zur nächsten »Grünfläche« zu ermitteln, um dem Geheimnis einer Stadt auf die Spur zu kommen.

Das können sie vergessen. Keine Tabelle, keine repräsentative Umfrage, keine statistische Erhebung gibt Auskunft darüber, warum sich die eine Stadt warm und freundlich, die andere hingegen kühl und leer anfühlt. Man kann die Bäume pro Wohnblock zählen, die Wasserläufe im Stadtgebiet vermessen, die Parkmöglichkeiten analysieren, die Sandqualität auf Spielplätzen testen – aber man wird nicht verstehen, wie Hannover es schafft, dass seine Bewohner gern hier leben.

Versuchen wir es mit einer nüchternen Beschreibung. »Als Wohnstadt ist Hannover ein Geheimtipp«, schrieb »Merian«. »Aus dem Einerlei der Nachkriegszeit haben sich ausgeprägte Quartiere herausgepellt.« Das war 1991. Seitdem hat sich vor allem eines geändert: Über ausgeprägte Quartiere verfügt die Stadt nach wie vor. Ein Geheimtipp ist sie aber nicht mehr.
Hannover als Wohnstadt gleicht einem so genannten Fraktal, einem mathematischen Gebilde, das über eine besondere Eigenschaft verfügt: Jeder Ausschnitt des großen Ganzen ist eine fast exakte Kopie der großen Form. Wie bei einem aufgebrochenen Blumenkohl, dessen einzelne Röschen alle wie ein kleinerer Blumenkohl aussehen. »Selbstähnlichkeit« nennt das der Mathematiker. Auf Hannover übertragen heißt das: Jedes innerstädtische Zentrum enthält wiederum kleine Zentren, die wiederum kleine Zentren enthalten.

Jeder Stadtteil zeichnet sich dabei durch eine spezielle Identität aus, ist also – wie das große Hannover auch – selbst ein klar umrissener Lebensbereich, der wiederum einzelne klar umrissene Lebensbereiche enthält. Wer seinen Blick von Hannover als Gesamtheit auf einen Stadtteil wie die List konzentriert, findet den Lister Platz, den Moltkeplatz, das Pelikan-Viertel, die den Bewohnern der umliegenden Häuserblocks wiederum als Lebensmittelpunkt dienen. Wollte man also mit dem Zirkel Kreise ziehen um das Leben eines Hannoveraners aus der List, dann würde die Zirkelmine folgende Stationen berühren: Bett, Wohnung, Haus, Slicherstraße, Moltkeplatz, List, Hannover, Region, Niedersachsen, Norddeutschland, Deutschland, Europa, Erde, Universum ...

Das Modell des Mini-Zentrums als Zwischenstation auf dem Weg in die Welt hat sich in den vergangenen Jahren fortgesetzt. Überall in der Stadt wird versucht, neues Leben in alten Mauern zu begründen. Auf der Grundlage zerbröselnder Industriebrachen, über die die Zeit hinweggeweht war, entstanden moderne Lebensmittelpunkte. Aus der ehemaligen »Fleisch- und Wurstfabrik Fritz Ahrberg« in Linden-Süd wurde in drei Jahren Bauzeit für 40 Millionen Mark ein Viertel mit 80 Wohnungen und 30 Büros. 400 Neubürger leben jetzt in modernen Wohnungen hinter der historischen Klinkerfassade aus den zwanziger Jahren. Kultureller Mittelpunkt ist der ehrwürdige galizische Kulturverein Centro Galego mit spanischem Bistro an der »Plaza de Rosalia«. »Ein Stück Mittelschicht« wollten die Architekten ins eher grobmaschige Linden-Süd holen. Das ist gelungen.

Bild vorherige Seite
Wohnen am Kronsberg

diese und nächste Doppelseite
Federweißer statt Federhalter Pelikan-Viertel an der Podbielskistraße

Auf dem Gelände der früheren »Pelikan«-Schreibwarenfabrik an der Podbielskistraße, wo jahrzehntelang bis zu 4000 Arbeiter die berühmten schwarz-grün-goldenen Pelikan-Füllfederhalter produzierten, entstand ein Wohn- und Szeneviertel mit Luxushotel und edlen Restaurants. 1906 war der Bau als größtes Eisenbeton-Fabrikgebäude Deutschlands eröffnet worden. Nach dem Pelikan-Konkurs in den achtziger Jahren wurde das Gelände mehrfach hin- und herverkauft. Jetzt ist es eines der begehrtesten – aber auch teuersten – Wohnviertel der Stadt.

Ein Mittelzentrum ganz anderer Art ist die so genannte »Grasdachsiedlung« Laher Wiesen in Bothfeld. Als Gegenentwurf zu den Einfamilienhaus-Teppichen im hannoverschen Umland entstand hier seit Mitte der achtziger Jahre ein kuscheliges, kompaktes Nest für Natursehnsüchtler, ein offenes, sehr grünes Wohngebiet, dessen Bewohner über knubbelige Kopfsteinpflasterpfade in ihre von Grün umrankten Häuser aus Backstein, Glas und Holz gelangen. Typisch für die mehrfach ausgezeichnete Siedlung sind die Grasdächer, die sehr gut dämmen, viel Wasser speichern können und vor allem: schön aussehen. Ein großer Anger dient als Spielraum für Kinder. Eine Kindheit in der »Grasdachsiedlung« ist wie ein zwölf Jahre dauernder Dänemark-Urlaub. Die »Wohn-Gemeinschaft« hier ist eng verwachsen mit der benachbarten Freien Waldorfschule Hannover-Bothfeld, die sich ihrerseits zu einem kulturellen Zentrum entwickelt hat.

Auf der entgegengesetzten Seite der Stadt, im Süden, entstand zur Expo mit gewaltigem Aufwand ein komplett neuer Stadtteil für 15 000 Menschen. In unterschiedlichen Baustilen, aber vollständig in Niedrigenergiebauweise, wurden nahe dem Messegelände 6000 neue Häuser hochgezogen – mit grünen Innenhöfen, gläsernen Vordächern und viel Platz zum Spielen und Leben. Architektonisch sind kaum große Würfe dabei, aber als Gesamtkomplex ist der Kronsberg herausragend. Die Anbindung an die übrige Stadt funktioniert trotz neuer Stadtbahnlinie 6 allerdings nicht so richtig. Noch haftet dem Kronsberg etwas Satellitengleiches an.

diese und nächste Doppelseite
Neues Leben in alten Mauern Frühere Ahrberg-Wurstfabrik in Linden-Süd

Plaza de Rosalia
Ilse-ter-

WURSTFABR
FRITZ

Mehr als 61 000 Wohngebäude mit 279 000 Wohnungen stehen in Hannover, rein rechnerisch kommen 39,8 Quadratmeter Wohnfläche auf jeden Einwohner. Nur in jedem siebten hannoverschen Haushalt lebten im Jahr 2001 noch Kinder.

Das sind trockene Zahlen. Aber wie heißen sie denn nun, die »ausgeprägten Quartiere«, von denen »Merian« schrieb? Drei wichtige hannoversche Stadtteile im Kurzporträt:

In der **Südstadt** endet das Leben nach den »Tagesthemen« und der (All-)Tag bestimmt die Lebensthemen. Hier kauft man seinen Alkohol nicht in Kneipen, sondern in Apotheken. Wer links und rechts der Hildesheimer Straße wohnt, lebt in der Regel seit Jahrzehnten hier – oder gehört zu einer neuen Generation junger Pioniere, die das schlummernde Potenzial an Saft und Kraft zwischen Bult und Maschsee wittern. Immer mehr junge Familien und Paare ziehen in die roten Backsteinhäuser am Altenbekener Damm oder rund um den Bertha-von-Suttner-Platz oder in die beigefarbenen Herrenhäuser der Geibelstraße. Tausende von Wohnungen ließ Stadtbaurat Karl Elkart hier in den zwanziger Jahren bauen, um der großen Wohnungsnot zwischen den Weltkriegen Herr zu werden. Die halbe Südstadt und viele der großen Wohnblöcke in Ricklingen und der List entstanden innerhalb weniger Jahre. Heute ist die Südstadt dank der Klinker sowie der Alleenkultur vor allem eines: rot-grün. Politisch allerdings hält sich hartnäckig auch das Konservativ-Bürgerliche.

In **Linden** dagegen schlägt ein großes, ehrliches Arbeiterherz. Linden ist jung, laut, bunt und betrunken. Im Biergarten »Gretchen« neben der zum Kulturzentrum »Faust« umgebauten Bettfedernfabrik wird für alle Zeiten 1976 sein, erfahrenen Politologie-Studenten und Altrockern sei Dank. Linden ist Hannovers lebendigster Stadtteil – mit türkischen, spanischen, griechischen Kulturvereinen und einer hohen Kneipendichte. Erst 1920 wurden Linden und Hannover vereinigt. Bis dahin war »das erste und schönste Dorf im ganzen Land«, wie ein Chronist 1837 schrieb, ein beliebter Bauplatz für die Villen und Bürgerhäuser stadtflüchtiger Adeliger. Mitte des 19. Jahrhunderts kamen die Industriebetriebe – und mit ihnen die Arbeiter. Der »Schwarze Bär«, seit 350 Jahren Gastwirtschaft, wurde zum Treffpunkt der Arbeiterbewegung. Bei den Reichstagswahlen 1898 erzielte die SPD in Hannover 49 Prozent – in Linden holte sie 73 Prozent. Hannover sperrte sich lange gegen die Eingemeindung Lindens. Das hatte praktische Gründe: Seit der Gründung der »Hannoverschen Maschinenbau-Actien-Gesellschaft« (Hanomag) im Jahre 1835 flossen die Steuereinnahmen nach Hannover, weil die Unternehmer dort wohnten. Die Arbeiter hingegen lebten im engen Linden. Hannover musste sich mit deren Sorgen also nicht herumplagen, kassierte aber fleißig Hanomag-Steuern.

Streit gab es auch, als die Wohnungsbaugesellschaft Neue Heimat Ende der sechziger Jahre die »Totalsanierung« von Linden-Süd plante. Das hätte bedeutet: Komplettabriss zugunsten von Betonburgen über zweigeschossigen Tiefgaragen. Mit Hausbesetzungen protestierten die Lindener dagegen. Sie waren erfolgreich.

Heute ist das Gezänk Geschichte. Der Stolz der Lindener auf ihre Solidargemeinschaft hingegen ist Gegenwart.

Hier regiert Rot Am Hanomag-Gelände in Linden

Rund und gut Lichtenbergplatz in Linden

Warmes Licht Fritz-Beindorff-Allee in der List

In der **List** ist vor allem die Vielfalt der dort lebenden Berufsgruppen erstaunlich: Es gibt Hauptschullehrer, Gymnasiallehrer, Realschullehrer, Grundschullehrer, Sonderschullehrer und Berufsschullehrer. Das ist freilich nur ein Vorurteil: Es gibt natürlich auch Lehrerinnen. »Selten ist es nicht, dass ein Lehrerpaar mit zwei A-13-Gehältern sich in den achtziger Jahren die Jugendstilwohnung kaufte, in der es Ende der Sechziger mit der Wohngemeinschaft gehaust hatte«, schrieb die Journalistin Ulla Plog. Die Gründerzeit- und Jugendstilhäuser der List, die Nähe zur kühlen und schattigen Eilenriede, sind heute der Stolz des Stadtteils. Verantwortlich für diesen Zustand war vor allem Ferdinand Wallbrecht, Senator, Reichstagsabgeordneter, Architekt und Bauunternehmer bis zu seinem Tod 1905, unter dessen Führung wichtige hannoversche Lebensadern gebaut wurden, darunter die Goethestraße, die Hohenzollern- und Bödekerstraße, der Moltkeplatz und die heutige Ferdinand-Wallbrecht-Straße. Wallbrechts Bautrupps waren so fleißig, dass der Architekten- und Ingenieurverein entnervt »ein Jahrzehnt der Ruhe in der Bautätigkeit« forderte.

Sozusagen die Steigerung von »List« sind die weißen Prachtvillen des »Zooviertels«, wo auch Gerhard Schröder lebt, ein typischer Vertreter des etwas zögerlichen hiesigen Lokalpatriotismus'. Wenn Schröder im Jahr 2001 Berliner Journalisten erzählte, er führe am Wochenende nach Hause, erklärte er gleich darauf: »Das ist bei mir das schöne Hannover.« Und bei dem Wort »schöne« zog er den linken Mundwinkel ein bisschen hoch, so dass niemand wusste, was er denn nun eigentlich meinte. Damit buhlte er natürlich um die Gunst derjenigen, die Hannover aus Unkenntnis ablehnen. Schröder selbst ist jeglicher Antipathie seiner Heimatstadt gegenüber unverdächtig.

»Ein Hannoveraner trinkt seinen Kaffee nicht auf der Straße!« Lister Meile

ADUGENA
Wohltmann
Meisterbetrieb
Uhrmacher
Goldschmiede

Maritimer Charme Leinewehr an der alten Wollwäscherei in Döhren

Grün ist die Hoffnung Irgendwann wird auch das neue Kronsberg-Viertel ganz zur Stadt gehören

Wohnwelten und Kinderparadiese Brüggemannhof (links unten) und Nordstadt (links oben und rechts)

Platz für Spiele Kinder in der Nordstadt, Wohnhäuser

Licht und Schatten Altenbekener Damm in der Südstadt

Leben

Eine Treppe, die ins Leben führt

Berlin zofft sich, Hannover genießt

Hochkultur und Kultur-Hoch

»Fabrikumnutzung und Stadtteilkultur«

»Hier ist Leben, das gefällt mir«

Jazz oder nie

Das Zuhause der Superstars

Tradition!

»König Ernst August von Hannover hatte mit seinen Künstlern sehr wenig Glück. Er musste bei den verschiedenen Entlassungsgesuchen des öfteren lesen: ‚Ich kann es in dieser langweiligen Stadt nicht aushalten.‘
Als der König wieder einmal so ein Schreiben in den Händen hielt, rief er heftig aus: ‚Was wollen diese Leute nur von mir? Denken denn diese Luders, dass ich mich hier amüsiere?‘«

aus: »Hannover – ein Lesebuch«, hrsg. von Diethard H. Klein und Herbert Grohmann

Hinter dieser Milchglastür liegt das Leben. Ein paar Sandsteinstufen hoch, durch die schmale Flügeltür am Vorhang vorbei, hinein ins kleine Foyer, wieder eine Treppe hoch, erster Absatz, noch eine Treppe hoch, zweiter Absatz. Und jetzt? Nichts weiter. Ende. Diese Treppe führt nirgendwo hin als zu sich selbst. Die Treppe ist das Ziel.

Die Cumberlandsche Galerie im Hof des hannoverschen Schauspielhauses, dieses früher einmal pompöse Treppenhaus von 1883 mit seinen abblätternden Säulen, seinem verschnörkelten Geländer und seinen breiten Stufen, führt nicht hin zum Theater, sondern ist selbst Schauplatz der kleinen Kunst in Hannover. Nicht der Kleinkunst freilich (dafür gibt es den Varietépalast »GOP« an der Georgstraße). In der patinösen Eleganz der »Cumberlandschen«, Ende der neunziger Jahre des vorigen Jahrhunderts behutsam renoviert, verneigen sich Schauspieler vor der kleinen Form, machen aus einer »Truckstop«-Textanalyse ein Comedy-Ereignis, feiern die Improvisation, spielen Schillers »Räuber« im Sandkasten nach, parodieren den bürgerlichen Liederabend. Und probieren, was geht.

Das ist eines der wichtigsten Merkmale hannoverscher Kultur: ausprobieren. Große Kulturschaffende aus großen Metropolen blicken seit einigen Jahren mit Neid in der Stirnfalte herüber auf das kleine Hannover, wo sich eine Theaterszene entwickelt hat, die zu den experimentierfreudigsten – und bestbesuchten – in Deutschland gehört. Das hohe Niveau für eine Halbmillionenstadt hat mehrere Gründe: Ans Schauspielhaus und an die Oper kommen Autoren und Regisseure vor ihrem endgültigen Durchbruch. Das hat Tradition in Hannover. Hier entwickeln sie ihre Handschriften, testen Ideen und genießen – dank erfahrener Intendanten wie Ulrich Khuon und seinem Nachfolger Wilfried Schulz – Freiheiten, die gelegentlich Großes haben entstehen lassen.

Der zweite Grund für das hannoversche Kultur-Hoch ist die geringe Konkurrenz der Kulturstätten untereinander. Weil die Claims klar abgesteckt sind, muss niemand auf den Nachbarn schielen. Jeder kann sich auf sich selbst konzentrieren. Anders gesagt: Während sich in Berlin drei Opernhäuser und Dutzende Bühnen zoffen, genießt Hannover still. Und der dritte Grund: Das Publikum lässt Vielfalt zu. Jahrzehntelang war Hannover die einzige deutsche Großstadt ohne große, städtische Schauspielbühne. Nur im Ballhof, wo seit 1945 schon wieder gespielt wurde, oder im Theater am Aegi, das 1953 als Kino eröffnet wurde und jetzt eher ein Boulevard- und Musicalpublikum bedient, gab es Theater. Als das neue Schauspielhaus, das optisch an ein weißes Kreuzfahrtschiff erinnert, 1992 eine Baulücke in der Prinzenstraße und ein tiefes Loch in der Kulturlandschaft füllte, entwickelte das Publikum innerhalb weniger Jahre einen enormen Kulturhunger.

Bild vorherige Seite
Biergarten am Lister Turm

Das Opernhaus, 1852 von Laves gebaut, im Zweiten Weltkrieg zerstört und 1950 zunächst provisorisch wieder aufgebaut, ist 1985 nach einem Komplettumbau wiedereröffnet worden. Mitte der neunziger Jahre kam für 60 Millionen Mark neue Bühnentechnik hinzu. Heute ist die Oper eine feste Adresse im europäischen Musiktheater – auch Dank einer munteren, bunten, selbstbewussten Ballettsparte.

Aber es ist nicht die Hochkultur allein, die die kulturelle Strahlkraft einer Stadt ausmacht. Das, was eine Gemeinschaft im Innersten zusammenhält, hat seinen Ursprung meist auch eher im Verborgenen. In der Eisfabrik in der Südstadt, wo bis in die siebziger Jahre Stangeneis hergestellt wurde, entstand 1978 eines der ersten privaten Kulturzentren Hannovers. Hier probt die freie Theatergruppe »Commedia Futura«, hier schaffen Artisten, Konzeptkünstler und Rockmusiker. Im »Faust« (»Fabrikumnutzung und Stadtteilkultur«), einer früheren Bettfedernfabrik in Linden, etablierten sich zwölf Jahre später eine Tai-Chi-Schule und Kunstateliers, noch später der alternative Bürgerfunk »Radio Flora«, Ausstellungen, Kabarett, Rock und die Literaturmesse »Buchfrust«. In der »Bluesgarage« in Isernhagen, wo man in einem Western-Style-Schwingtür-Ambiente mit rauer Zärtlichkeit das Andenken des Mittleren Westens der USA pflegt, sind große Namen der Bluesrock- und Countryszene zu Gast. Und der Pavillon am Weißekreuzplatz, ursprünglich ein Behelfskaufhaus, das die Bürgerinitiative Raschplatz 1977 vor dem Abriss rettete und in dem heute ökologisch einwandfreies Regenwasser die Toiletten spült, hat pro Jahr mehr als 600 000 Besucher – dank des Weltbeat-Festivals »Masala« und zahlloser Konzerte und Veranstaltungen von A wie »Alternative Reisemesse« bis Z wie »Zukunft der Frauenbewegung«.

»Hier ist Leben, hier bewegt sich etwas. Das gefällt mir«, sagte Count Basie bei seinem Besuch 1975 in Hannover. Er meinte damit nicht nur den Jazz.

Überhaupt der Jazz. 1924 trat im Tivoli an der Königsstraße Alex Hydes auf. Es war das erste Konzert eines US-amerikanischen Jazzkünstlers in Deutschland. Nach dem Krieg kamen Duke Ellington und Louis Armstrong, 1966 wurde in Linden der Jazz-Club Hannover gegründet. Mehr als 3000 Konzerte gab es hier seitdem in intimer Atmosphäre – mit allem, was im Jazz Klang und Namen hat. An der Hochschule für Musik und Theater entstand das erste Jazz-Seminar Deutschlands. Und für die Zukunft ist ein Internationales Jazz-Museum am Leineufer geplant. Mehr als zehn Millionen Meter Tonband lagern im Archiv des Jazz-Clubs, dazu Tausende Schallplatten, Fotos und Instrumente. Es geht weiter.

SCHÜNEMANN-BAU
KASTENS HOTEL
LUISENHOF

Giuseppe Verdi
Un ballo
in maschera
staatsoperhannover

ERNESTUS·AUGUSTUS·REX·CONDIDIT·ARTIBUS·MUSIS·MDCCCXXXXX

Massenkultur Stadthalle und Jazz vor dem Neuen Rathaus

Leben in Hannover heißt auch: Mut haben und Machen. Hier entstanden in den siebziger Jahren die ersten Freizeitheime Deutschlands. »Stadtteilkultur« und »Stadtmarketing« wurden praktiziert, bevor überhaupt diese Worte erfunden waren. »In Hannover fällt den Leuten immer etwas ein«, schrieb die »Frankfurter Neue Presse« 1970, und die Zeilen schimmerten in einem fahlen Neidgelb. Was die Zeitung meinte: Der erste Flohmarkt Deutschlands, Straßenkunst, das Altstadtfest – allesamt kleine Kulturrevolutionen in einer Zeit, als »Gammler« noch mit Feuerwehrschläuchen vom Georgsplatz verscheucht wurden.

Heute freilich gibt's kein Lob mehr für zwanzig Jahre alte Pioniertaten. Und die (Pop)-Kultur ist ein knallhartes Geschäft geworden. Im ehemaligen belgischen Pavillon auf dem Expo-Gelände produzieren Branchengrößen wie Mousse T. in den Peppermint Park Studios Remixe von Madonna, Simply Red, Tom Jones oder Michael Jackson.

Es konnte gar nicht anders kommen, als dass Hannover ein wichtiger Pop-Standort wurde. 1887 meldete Emil Berliner hier ein Patent für die mechanische Schallaufzeichnung an: Die Schallplatte war erfunden. Heute steht Europas größtes Presswerk für CDs in Langenhagen, und im Capitol am Schwarzen Bären, in der Stadionsporthalle, die demnächst renoviert wird, in der Messehalle 2 und in der terrakottafarbenen Multifunktionshalle Preussag Arena an der Expo-Plaza, in der mehr als 12 000 Menschen Platz haben, sind regelmäßig die Größten aus Rock und Pop von Britney Spears bis Carlos Santana zu Gast. Hannover ist die wichtigste Konzertstadt Norddeutschlands. Und das Niedersachsen-Stadion, auf 2,3 Millionen Kubikmetern Kriegstrümmern errichtet und Heimat des Traditionsclubs Hannover 96, dient oft als Freiluft-Arena für Stars wie Phil Collins, die Rolling Stones, Tina Turner oder Marius Müller-Westernhagen. Das 1954 eröffnete Stadion wird zur Fußball-Weltmeisterschaft 2006 in Deutschland modernisiert – mit einem eleganten Glasdach, neuen Tribünen und Logen.

Kaum bescheidener residieren die Stars der bildenden Kunst. Hannover als Kunststadt hat eine lange Tradition. Die Kestner-Gesellschaft, die im Mai 1997 ins für elf Millionen Mark renovierte Goseriedebad am Steintor zog, zeigte Werke von Emil Nolde, August Macke und Paul Klee lange bevor ihre Schöpfer berühmt waren. Deutschlands vornehmster Kunstverein holte Andy Warhol zu seiner ersten großen europäischen Ausstellung nach Hannover. Schokoladenfabrikant Bernhard Sprengel sah 1937 auf Hochzeitsreise in München die Ausstellung »Entartete Kunst«, verstand sie nicht so, wie die Nazis sie meinten, war begeistert, kaufte noch in München zwei Nolde-Bilder und begründete damit eine der wertvollsten Sammlungen der modernen Kunst. Zu seinem 70. Geburtstag schenkte Sprengel der Stadt Hannover 600 Bilder – Grundstock für das »Kunstmuseum Hannover mit Sammlung Sprengel«, das der Volksmund völlig zu Recht zum »Sprengel Museum« verknappte.

Mehr Kunst: In den zwanziger Jahren begann Kurt Schwitters, 1887 geborener hannoverscher Bildhauer, Maler, Grafiker, Vater der Moderne und Dichter (»Anna Blume / Du tropfes Tier / Ich liebe Dir«), von der Leine aus seinen Dada-Feldzug gegen Spießbürgertum und Phantasielosigkeit. »Im Gegensatz zur Kritik halte ich Hannover für die erste Kunststadt in Deutschland«, schrieb er in dieser Zeit. Noch mehr Kunst: Dutzende im Freien stehende Stahl- und Betonskulpturen bilden seit den siebziger Jahren entlang der Leine vom Stadtzentrum bis zu den Herrenhäuser Gärten die »Skulpturenmeile«, über die ein Kulturredakteur der »Frankfurter Rundschau« politisch hochkorrekt hämte, sie sei »ein Versuch, mit froher Kunst abzulenken von dem, was unsere Städte wirklich belastet: mangelhafte Zukunftsplanung, Luftverpestung, Verkehrsnotstände, von privaten Interessen geleitete Baupolitik. Hübsche Freiplastiken helfen da nichts.«

Und noch mehr Kunst: 1994 ließen die üstra-Verkehrsbetriebe internationale Designer Bushaltestellen entwerfen. Ihre neun futuristischen »Bus Stops« erregten Aufsehen – und wurden auch von den oft knöterigen Hannoveranern sofort akzeptiert.

Kunst und Kleinkunst Künstlerhaus in der Sophienstraße und »GOP«-Varieté an der Georgstraße

BassCube

Blickfang an der Brühlstraße Stahlskulptur am Continental-Hochhaus

Leben in Hannover heißt auch: genießen. Mit dem »Pier 51« am Maschsee, dem »Spago« in der Calenberger Neustadt, dem »Kabuki« am Aegi oder der »Gondel« unter dem Varietépalast »GOP« leuchten in der Stadt immer mehr kleine gastronomische Glanzlichter auf und verlöschen auch nicht gleich wieder. Die Stadt verharrt nicht mehr zwischen hannoverscher Bratkartoffelkultur, China-Glutamat und dem ewigen Italiener, sondern bietet Lounges, Bars und Restaurants, die Hannovers neues Selbstbewusstsein widerspiegeln. Es hält eine gewisse gediegene Coolness Einzug. In der »Biesler Weinstube« in der Innenstadt, im »La Provence« in Ricklingen, im »Tandure« am Ihmeufer weiß man, wie Gäste nicht nur satt, sondern auch ein bisschen glücklich werden.

Abseits von der Szene liebt der Hannoveraner das Traditionelle. Und da vor allem: sein Schützenfest. Der Bratkartoffelkultur-Höhepunkt des Jahres. 1529 ging das schon los, und obwohl durch die Jahrhunderte gelegentlich »der Wein und alle Music gäntzlich abgeschafft unndt verbotten« werden sollten – es könne schließlich »nicht verantwortet werden, dass zum Besten von ein paar Wirthen, Bäckern, Schlachtern allhier der größte Theil der Arbeiterclasse sich ruinire« – ruiniren sich allhier noch heute jedes Jahr der größte Theil der Arbeiterclasse sowie hunderttausende andere Menschen auf dem größten Schützenfest der Welt. Und zwar immer – Tradition! – in den ersten zehn Tagen nach dem Freitag vor dem ersten Montag im Juli. Falls Sie den Termin also mal verpassen: Man wird es verzeihen.

(Er-)leben in Hannover ist einfach. Man muss sich nur entscheiden. Vorgestern Fußball bei 96, gestern »My Fair Lady« im Theater am Aegi, heute Eishockey am Pferdeturm, morgen »Don Giovanni« in der Oper, übermorgen F. K. Waechters »Eisprinzessin« in der Cumberlandschen Galerie ...

»Vielleicht bin ich parteiisch für meine liebe Vaterstadt, aber ich glaube, dass, obgleich Hannover nicht zu den größten Städten in Deutschland gehört, man dennoch hier so frei und unbemerkt leben könne, als irgendwo«, schrieb Adolph Freiherr von Knigge 1788.

Natürlich ist Knigge parteiisch. Aber das sind wir doch alle.

it 1896
ohrhoff
anmöbel
Holzwaren
KYOTO
Einbecker
golo
golo
golo
Ratskeller
Le Arca

oben
Geschichte(n) am Leineufer Marktkirche und Historisches Museum am Beginenturm
links
Ein Rest von Altstadt Kramerstraße mit Blick auf das nachgebaute Leibniz-Haus

Volkstribüne Treppe an der »Exponale«-Brücke auf dem Messegelände

arena

HANÖVERSCH

links
Expo-Erinnerungen Ehemaliger niederländischer Pavillon
oben
Feiern wie im Sommer 2000 Fest auf der Expo-Plaza

oben
Leben mit und auf Bühnen Theatermuseum
unten und rechts
Lücke in der Kulturlandschaft gefüllt Fassade und Foyer des Schauspielhauses in der Prinzenstraße

diese und nächste Doppelseite
Platz für Kunst Ausstellungsräume der Kestner-Gesellschaft im ehemaligen Goseriede-Bad

Der Blick
ins 21. Jahrhundert
KESTNER
JIRI GEORG
DOKOUPIL
GESELLSCHAFT
GOSERIEDE 11

Ausstellung

SPRENGEL MU EUM HANNOVER
SPRENGEL MUSEUM HANNOVER
H SM 804

BRAUER-TOR
Schützenfest vom 30.6 bis 09.7
AIRWOLF
TICKETS
Laugen-
brezel
EIS

»Fest gefeiert« in Hannover Schützenfest und Schützenausmarsch (links unten)

Vielfältige Waren, vielfältige Besucher Lindener Markt

Career Dates 200

Lernen

Heinrich Göbel war schneller

»Der Ursprung des Übels«

1000 Herzen und Lungen

Ist Hannover eine Unistadt?

Verbimst, verbläut, versohlt, verdöscht

Das rumpelige Hannöversche

Außenposten des Britischen Königreiches

Aus war's mit der Demokratie

Ein bisschen »Disneyland« im Zoo

»Weil aber nur Adam ein kummerloses Leben geführt hatte – und auch dieses nur im Paradies -, wäre es so undankbar wie falsch, wollte ich vergessen, dass die Jahre in Hannover meine geistige Erziehung gerade deshalb stark gefördert hatten, weil sie mein stürmisch ausschwingendes Naturell unter Druck setzten. Wer jung ist, sollte nicht seinesgleichen suchen, sondern gerade die Menschen, welche ihm widersprechen.«

1922, Frank Thieß, »Freiheit bis Mitternacht – Autobiographie«, erschienen 1965

Vielleicht liegt es an der klaren Luft. Vielleicht an der Sturheit der Hannoveraner. Vielleicht an der Tatsache, dass kein ernst zu nehmender Berg den Blick in die Ferne verstellt. Vielleicht aber auch daran, dass so oft grauer Nieselregen die Hannoveraner in ihre Bastelkeller und Muckelbuden treibt. Was auch immer der Grund sein mag: In Hannover entsteht Außergewöhnliches. Gedanken, die nie zuvor gedacht worden sind. Wichtige Erfindungen, die hier ihren Ursprung hatten. Das Tüfteln an Geist und Maschine, der unbedingte Wille, etwas Neues zu schaffen, hat in Hannover Tradition.

Emil Berliner, 1851 in Hannover geboren, wanderte mit 19 Jahren in die USA aus und erfand dort 1887 das Grammophon mit runden, von einer Wachsschicht überzogenen Zinkplatten. In Hannover gründete er dafür eine Fabrik – die Deutsche Grammophon. Heinrich Daniel Rühmkorff, 1803 in Hannover geboren, erfand einen Funkeninduktor (den »Rühmkorff«), mit dessen Hilfe Wilhelm Conrad Röntgen die Röntgenstrahlen entdeckte. Heinrich Göbel aus Springe bei Hannover erfand 25 Jahre vor Thomas Alva Edison die Glühbirne. Fernsehpionier Walter Bruch, in den sechziger Jahren Chef des Fernseh-Grundlagenlabors von Telefunken, entwickelte das europäische Farbfernsehsystem PAL. Und Ferdinand Sichel, Sohn eines hannoverschen Tapezierers, rührte in der Werkstatt des Vaters den ersten Tapetenkleister der Welt zusammen, der nicht verdarb und viel ergiebiger war, weil er nicht länger Getreidemehl als Bindemittel verwendete, sondern pflanzliche Stärke.

Bild vorherige Seite
Welfenschloss (Universitäts-Hauptgebäude) am Georgengarten

Eiszeit nach kurzer demokratischer Blüte Denkmal für die »Göttinger Sieben« am Leineschloss

Kleine Erfindungen, große Erfindungen. Aber was muss jemand geleistet haben, damit ein Keks nach ihm benannt wird? Gottfried Wilhelm Leibniz, Hannovers verehrtes Universalgenie, war von den eitlen Welfen als Hofrat und Bibliothekar an den Fürstenhof geholt worden, um deren Geschichte aufzuschreiben. Das jedoch war dem großen Geist viel zu banal. Leibniz, 1646 in Leipzig geboren und 1716 in Hannover gestorben, betätigte sich in Theologie, Jurisprudenz, Mathematik, Naturforschung und Technik – und glaubte an die Kraft und Freiheit des Geistes. Er entwickelte seine philosophische These von der Welt als der besten aller möglichen Welten, und sein Hauptwerk »Theodizee« handelte von nicht weniger als der »Güte Gottes, der Freiheit des Menschen und dem Ursprung des Übels«.

Das typisch hannöversche an Leibniz war, dass er seinem theoretischen Überbau einen alltagstauglichen Unterbau verschaffte. Leibniz baute die erste funktionierende Rechenmaschine der Welt, arbeitete als erster mit einem binären Zahlensystem, brachte Ordnung in die umfangreiche Herzog August Bibliothek in Wolfenbüttel und entwarf windmühlengetriebene Pumpen, um die Bergwerke im Harz zu entwässern. Als Theoretiker war er jedoch begabter als als Praktiker: Die Rechenmaschine funktionierte nicht immer, die Windmühlen gar nicht.

Sicher ist, dass der zugereiste Leibniz und die Hannoveraner zueinander passten. Leicht verschrobene, rastlose, manchmal ungeduldige Geister, die die Dummheit der Obrigkeit zur Verzweiflung treiben konnte. Leibniz' Fazit am Ende seiner Schaffenszeit: »Ein Leben am Hofe und gelehrte Gespräche schließen im Grunde einander aus.« Sein Grabstein befindet sich in der Neustädter Hof- und Stadtkirche St. Johannis. Sein Nachlass wird in der Niedersächsischen Landesbibliothek gehütet.

Mit Leibniz starb ein Genie, aber nicht Hannovers Ruf als Forschungsstadt. Heute studieren 30 000 Studenten an der Universität Hannover und 3300 an der Medizinischen Hochschule, wo Rudolf Pichlmayr als erster Arzt in Europa Transplantationen an Kindern vornahm, und wo heute – mehr als 1000 verpflanzte Herzen und Lungen später – eine gewisse Transplantationsroutine eingekehrt ist. Die Strahlkraft der MHH als medizinisches Wissenszentrum reicht über Europa hinaus. Und mit dem International Neuroscience Institute (INI), untergebracht in einem »hirnförmigen« Neubau im Roderbruch, verfügt Hannover über eine anerkannte Spezialklinik und ein Forschungsinstitut für die Behandlung von Erkrankungen des Nervensystems.

Die Reifenfirma Continental verlagerte ihre Forschung und Entwicklung komplett nach Hannover, die frühere Kali-Chemie (Solvay Pharma Deutschland) eröffnete ein Pharma-Forschungszentrum, und private Fachhochschulen wie die Evangelische Fachhochschule für Sozialarbeit oder die German International School of Management and Administration (GISMA) zementieren den Ruf der Stadt als Wissens-Pool. Auch die Hochschule für Musik und Theater am Emmichplatz mit Absolventen wie Katja Riemann, Katja Flint, Kai Wiesinger, Doris Dörrie, Ulrike Folkerts, Claus-Theo Gärtner, Alexander May und Renan Demirkan hat einen guten Ruf.

Ist Hannover eine Unistadt? Sicher nicht überall. In der Nordstadt und in Linden aber, wo zahllose Kneipen vom John-Belushi-Frühstück (Kaffee, Gauloise, Kaugummi) bis zum »Pint of Guinness« die komplette Bedürfnispalette eines durchschnittlichen Germanistik-Studenten abdecken, wo alternative Buchläden Nicaragua-Reiseführer verramschen und für Feng-Shui-Vorträge werben – da ist auch Hannover eine Unistadt.

166 allgemeinbildende Schulen mit 51 000 Schülern verteilen sich über die Stadt, davon 60 Grundschulen, 28 Orientierungsstufen, 18 Haupt- und 16 Realschulen, 17 Gymnasien, zwei Waldorfschulen, sechs Gesamtschulen und 19 Sonderschulen. Traditionsreiche Häuser sind darunter. Schulen, in denen auch hannoversche Schüler vor 100 Jahren ordentlich und von Amts wegen durchgeprügelt wurden, wenn das Periodensystem oder die »Kraniche des Ibikus« nicht richtig saßen.

»Durchgeprügelt« freilich ist das falsche Wort. Hannoversche Schüler wurden *verbimst, verbläut, versohlt, verdöscht, vergallert, verstripst, vertobackt, verwamst* oder *verwichst*, bis sie *fünsch* (beleidigt) oder sogar *höllschen fünsch* (sehr beleidigt) waren und bereit, sich das blöde Periodensystem vom Herrn Lehrer *auseinanderklamüsern, auseinanderposementieren* oder *verhackstücken* (erklären) zu lassen. Zu Hause war dann die hannoversche Mutter am *schüddeköppen* (kopfschütteln) und wurde ganz *rawweldötsch* und *rammdösig* (durcheinander), mit was für komplizierten *Döneken* (Dummheiten) ihr *Negenklauken* (Neunmalkluger) von einem *Schnöppentonnies* (verschnupften Kind) sie da wieder *quetschenierte* (ausfragte).

Das Hannöversche, diese wunderbare, etwas rumpelige Sprache, vereinfacht, wo es kann, bedient sich hemmungslos im Französischen oder Englischen, klingt rau und zärtlich zugleich und ist dabei nur eines nicht: hochdeutsch. Woher der Irrglaube stammt, dass in Hannover das reinste Hochdeutsch Deutschlands gesprochen werde, kann auch Hans J. Toll, in den fünfziger Jahren Lokalchef bei der »Hannoverschen Presse«, in seinem »Hannoverschen Wörterbuch« nicht aufklären. Wer sagt, Hannoveraner sprächen akzentfrei, wird hoffentlich zu hören bekommen: »Du bist wohl'n Happen Hä?«. Und schöner kann man das nicht sagen.

Zurück zu Hannover als Forschungsstadt. Die imposanteste Trutzburg des Geistes ist das Welfenschloss an der Lindenallee, das heute als Hauptgebäude der Universität dient – und in dem die Welfen nie residierten. 1866, als der große Nachbar Preußen das Königreich Hannover annektierte und die Welfenherrschaft beendete, standen gerade einmal die Außenmauern des Prestigeobjektes.

Königreich Hannover? Jawohl. 123 Jahre lang war Hannover eine Art Außenposten des Britischen Königreiches. 1714 nämlich bestieg der hannoversche Kurfürst Georg Ludwig als Georg I. den englischen Thron, weil seine Mutter Kurfürstin Sophie wegen eines komplizierten Erbrechts – und weil der europäische Hochadel stets vielfältig versippt und verschwägert war – die Liste der englischen Thronfolger anführte. Als Sophie starb, kam ihr Sohn zum Zuge und regierte plötzlich ein Weltreich. Und während die »Hanoverians« sich in London mit ihren Mätressen verlustierten und ihre Heimatstadt wie eine Kolonie verwalteten, erblühten im vernachlässigten Hannover zarte Ansätze von Demokratie. Ständeversammlungen tagten, 1833 trat ein revolutionäres liberales Staatsgrundgesetz in Kraft. Doch all das hatte jäh ein Ende, als 1837 Viktoria Königin von England wurde. Sie durfte – als Frau – nicht gleichzeitig Königin von Hannover sein und setzte deshalb König Ernst August ein, der das Staatsgrundgesetz am 1. November 1837 umgehend außer Kraft setzte.

Darüber waren sieben Göttinger Professoren mit gesundem Rechtsempfinden nicht glücklich, die beim zornigen König in Hannover um »Unterthänigste Vorstellung einiger Mitglieder der Landes-Universität das Königliche Patent vom 1. November betreffend« baten. Zu den Männern gehörten Friedrich Christoph Dahlmann, Mitverfasser des Staatsgrundgesetzes, sowie die Germanisten Jacob und Wilhelm Grimm. Die Brüder Grimm sowie ihre fünf Mitstreiter bezahlten ihre »Protestation des Gewissens« mit der Amtsenthebung, drei von ihnen wurden gar des Landes verwiesen. Hannovers Stadtdirektor Wilhelm Rumann musste für acht Wochen ins Gefängnis. Und aus war's mit der Demokratie.

Heute sind die »Göttinger Sieben« Symbolfiguren für zivilen Ungehorsam. Am Leineschloss erinnert ein Bronzedenkmal von Floriano Bodini an die mutigen Professoren (wobei die Figur von Jacob Grimm die Züge Floriano Bodinis selbst trägt, während Wilhelm Grimm im Gesicht Bodinis Bruder Arturo ähnelt).

Gleich gegenüber dem Denkmal, in Nachbarschaft zum Neuen Rathaus, entstand 1958 das Kestner-Museum aus den Trümmern des Zweiten Weltkriegs wieder. Grundbestand ist die Sammlung August Kestners, der als hannoverscher Diplomat in Rom ägyptische und griechisch-römische Kleinkunst sammelte. Er war der Sohn von Charlotte Kestner, geborene Buff, die als »Werthers Lotte« (und als Goethes große Liebe) in die Literaturgeschichte einging, den großen Dichter aber zappeln ließ – was er in »Die Leiden des jungen Werther« sehr erfolgreich und sehr öffentlich tat – und statt dessen ihren Johann Christian Kestner heiratete und mit ihm nach Hannover ging.

Im Historischen Museum, in den Resten der hannoverschen Altstadt gelegen (einen kompletten originalgetreuen Wiederaufbau lehnte die Stadt nach dem Zweiten Weltkrieg ab), geht es um Stadtgeschichte und Adelskultur. Im renovierten Wilhelm-Busch-Museum finden sich Ausstellungen großer Cartoonisten von Carl Barks bis Charles M. Schulz. Der Renner im modernisierten Niedersächsischen Landesmuseum dagegen, dessen äußere wuchtige Pracht die stählerne und trotzdem angenehme Kühle im Inneren verbirgt, ist das »Vivarium«. Vor seinen Aquarien mit Zitteraalen und Terrarien mit Leguanen und Vogelspinnen gruseln sich täglich Hunderte Kinder lustvoll.

Orte des Lernens Hochschule für Musik und Theater am Emmichplatz (oben) und Universitätsgebäude am Königsworther Platz

Der schönste Ort des Lernens in Hannover ist jedoch ein ganz anderer. Einer, dessen Exponate leben und sich ständig erneuern. Dessen Besucher nicht schweigen müssen. Ein Ort, der seine belehrende Absicht als Vergnügen tarnt und damit enormen Erfolg hat. Der Zoo Hannover ist für viele Millionen Euro zu einem wahren Spektakel ausgebaut worden. Elefanten trampeln über die nachgebauten Ruinen eines Dschungelpalastes, Affen klettern in künstlichem Nebel über ihren Gorillaberg, Löwen thronen auf einem künstlich erwärmten Felsen, Boote voller Besucher ziehen in leisen Kreisen an einer afrikanischen Flusslandschaft vorüber. Eine fiktive Alaska-Landschaft namens »Yukon Bay« für Eisbären, Pinguine und Rentiere ist in Planung. Ein bisschen »Disneyland«, ein bisschen Ferien auf dem Bauernhof. Die Besucherzahlen steigen ständig. Die Preise leider auch.

Nichts in den Lebens-Landschaften des Zoos erinnert mehr an Gitterstäbe und traurige Flusspferdaugen. 1865, als Hannover am Rand der Eilenriede als dritte deutsche Stadt nach Berlin und Frankfurt einen Tierpark eröffnete, da waren die Eintrittsgelder der Besucher nur ein Nebenerwerb. Bis in die dreißiger Jahre des vorigen Jahrhunderts hinein war der Zoo unter Direktor Hermann Ruhe, einem Gelegenheits-Großwildjäger, kaum mehr als ein »Schaufenster des Tierhandels«. Zirkuschefs und Zoodirektor-Kollegen durften sich was Feines aussuchen, vor Ort bezahlen und die Tiere gleich mitnehmen.

40 Jahre später ging es um etwas ganz anderes. 1973 eröffnete die erste Streichelwiese der Welt. Kinder wuselten zwischen Ziegen, Schafen, Hängebauchschweinen, Pfauen, Meerschweinchen, Kaninchen und Eseln hindurch. Ganz nah dran waren sie. Und wer meint, dass Lernen auf diese Weise keinen Spaß macht und Zoos auch wie Zoos aussehen müssten, der ist – mit Verlaub – ganz sicher einen »Happen Hä«.

diese und nächste Doppelseite
Ganz nah dran Zoo Hannover mit Flussfahrt auf dem »Sambesi« und Gorillaberg

Lichte Laub- und
Mischwälder

Buffalo

Heiliger Ort Neustädter Hof- und Stadtkirche St. Johannis mit dem Grabstein von Gottfried Wilhelm Leibniz (rechts)

OSSA
LEIBNITII.
GOTTFRIED WILHELM
LEIBNIZ
1.7.1646 – 14.11.1716

Neue Kompetenzzentren Fachbereich Design und Medien der Fachhochschule Hannover an der Expo-Plaza
und Internationales Neuroscience Institute im Roderbruch

MHH
MHH

AMEDA

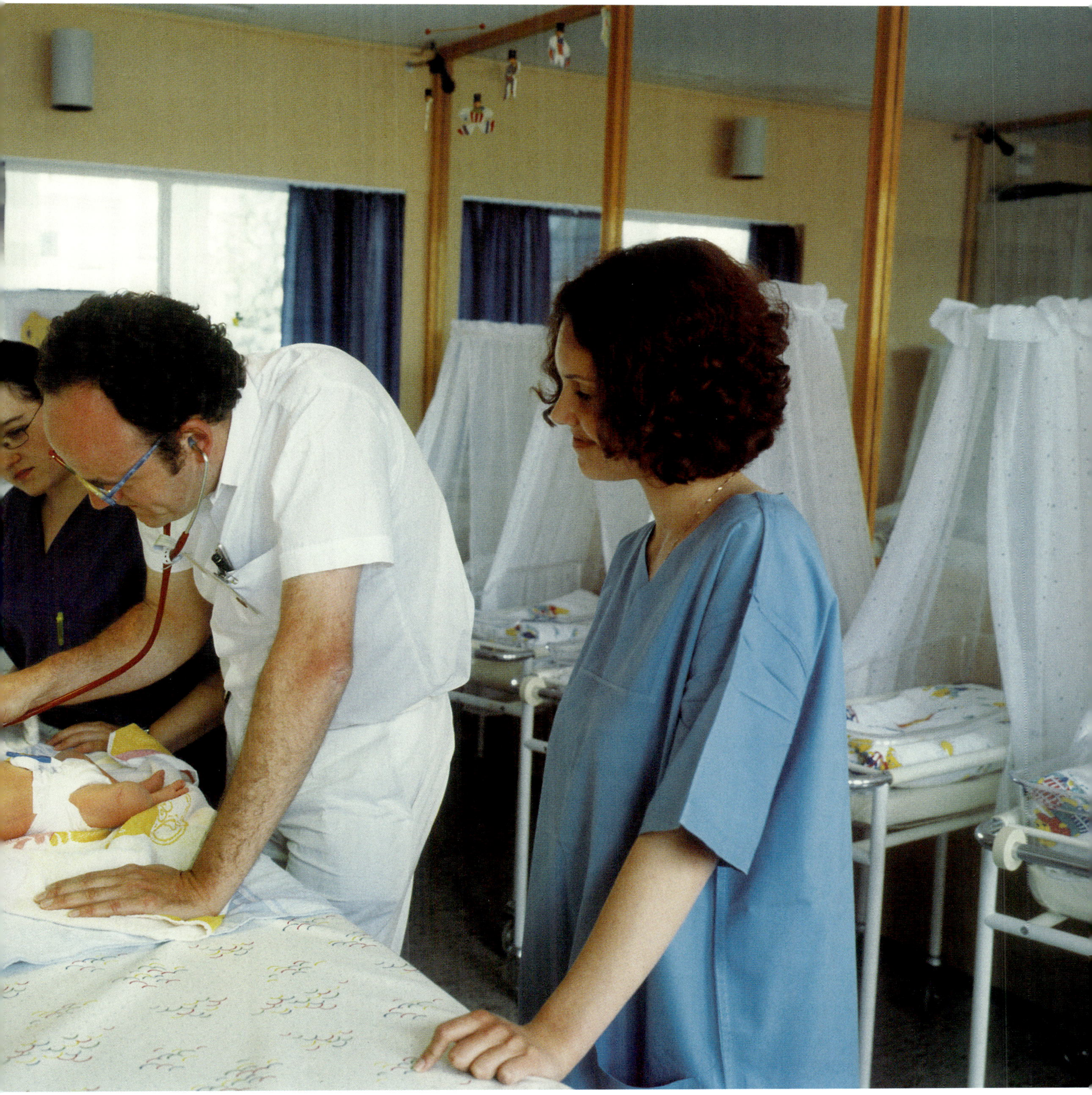

2
GERICOM

Arbeiten

»Arbeit macht das Leben süß«

Ein bunter Branchenmix

Flebbe kam, sah und rettete

Der König wünscht keine Schornsteine

»Kalk-Johann« buddelt am Tönniesberg

Die Hanomag: Nur noch ein marodes Monument

Eine Million Fischbrötchen auf der Messe

»Centrum der Büro- und Informationstechnik«

Pause im »Bauch von Hannover«

»Frohsinn und Leichtigkeit in Betreibung der Geschäfte sind keine gewöhnliche einheimische Tugenden. Alles Neue, alle Veränderungen liebt der Niedersachse aus anklebendem Pflegma nicht. Er mag nicht aus seiner gewöhnlichen Lage versetzt, angespornt werden. Es ist ihm dieses beschwerlicher wie dem Rheinländer und Obersachsen, weil er unbehülflicher ist, es ihm an Gewandheit des Geistes fehlt.«

Der »Geh. Canzley-Secretair« Ernst Brandes 1789 in einem Aufsatz »Über die gesellschaftlichen Vergnügungen in den vornehmsten Städten des Churfürstenthums«

Diese Geschichte beginnt in der Limmerstraße in Linden, einer Geschäftsstraße mit Ramschläden, Gemüsehändlern, Pizzabars und Hannovers ältestem Kino, dem »Apollo«.

Es ist nicht die Geschichte der hannoverschen Wirtschaft von ihren Anfängen an. Die beginnt viel früher, als Hannover ein runzliger kleiner Markt- und Handwerkerflecken und eine Schnittstelle zwischen dem Weideland im Norden und dem Ackerboden im Süden war – und als es die Limmerstraße noch gar nicht gab. Nein, es ist die Geschichte einer Karriere. Eine Lebensgeschichte, die ein bisschen darüber Auskunft gibt, warum sich Hannover – trotz seines angeblichen »anklebenden Pflegmas« – für ökonomische Pioniertaten bestens eignet.

Aus Lust am Film hatte der Student Hans-Joachim Flebbe in den sechziger Jahren die Programmgestaltung für das «Apollo» übernommen. Das kleine Kino litt – wie alle anderen Stadtteilkinos auch – an sinkenden Zuschauerzahlen. Flebbe kam, sah, und rettete. Jahr für Jahr wurde er für seine monatlichen Vorführpläne ausgezeichnet. Er wurde Kino-Unternehmer, verhinderte die Schließung des »Apollo«, sicherte auch die Existenz des »Hochhaus«-Kinos in der ehemaligen Zeiss-Sternwarte auf August Madsacks prächtigem (und im Krieg fast unzerstörten) Anzeiger-Hochhaus am Steintor, baute die Raschplatz-Kinos und eröffnete 1991 schließlich – weil er dem knarzigen Sound und den engen Stuhlreihen der gängigen Schachtelkinos nichts abgewinnen konnte – das »Cinemaxx« in der Nikolaistraße. Der erste Kinopalast neuer Art, mit weichen Sesseln, Beinfreiheit und THX-Sound. Eine kleine Revolution. Flebbe wurde Marktführer, und die Hannoveraner entdeckten ihren Spaß am Kino wieder. Hier war das Versuchsterrain für seine Idee vom Filmhaus, das mehr Erlebnis bieten sollte als nur die Filme.

Heute gibt es am Raschplatz ein zweites hannoversches »Cinemaxx«, und Flebbe steuert – aus Hamburg – ein großes europäisches Filmpalastimperium.

Bild vorherige Seite
Messehalle 2 während der Computermesse CeBIT

Ein Hauch von Hafenromantik Continental-Werk am Mittellandkanal in Stöcken, Lindener Hafen (rechts oben)

»Arbeit macht das Leben süß, / Macht es nie zur Last, / Der nur hat Bekümmernis, / Der die Arbeit hasst« schrieb Gottlob Wilhelm Burmann 1777 in seinem Band mit dem reizenden Titel »Kleine Lieder für kleine Jünglinge«. Und natürlich gilt dieser Vers auch in Hannover. Kein einzelnes Industrieunternehmen wie in Stuttgart (DaimlerChrysler), Rüsselsheim (Opel) oder Wolfsburg (Volkswagen) beherrscht die hannoversche Wirtschaft, keine komplette Branche hat der Stadt ihren Stempel aufgedrückt wie die Chemie in Leverkusen oder Hoechst, die Medien in Hamburg oder Köln oder die Banken in Frankfurt. Stattdessen bestehen – zumindest in wirtschaftlich gesunden Zeiten – Chancen, im hannoverschen Branchenmix eine Beschäftigung zu finden, die auch selteneren Interessen entgegenkommt.

Auto- und Maschinenbau sind traditionell stark in Hannover, dazu die Gummi- und Chemieindustrie und vor allem große Dienstleister wie die Messe AG oder der weltgrößte Touristikkonzern Preussag, der seit Juni 2002 TUI AG heißt. Eine laute, vom Rauch aus tausend Schloten verhangene Industriestadt war Hannover nie. Die raubeinige Melancholie vieler Ruhrgebietsstädte, die dem Malocherklischee eher entsprachen und die Welt aus rußschwarzen Gesichtern, Henkelmännern und Kumpelkult heute wehmütig idealisieren, fehlt in Hannover. Obwohl es diese Welt, wenigstens für ein paar Jahrzehnte, auch hier gab.

Es war nicht leicht, in der Mitte des 19. Jahrhunderts als »Investor« in Erscheinung zu treten. König Ernst August verwahrte sich in seiner akkuraten Residenz mit Nachdruck gegen jegliches Aufkommen rauchender Schornsteine und stand dem Fortschritt im Weg wie heute sein Standbild am Hauptbahnhof den Fußgängern. Aber die Industrialisierung schritt voran, und Ernst August hatte darüber nicht mehr zu entscheiden. Im September 1845 besuchte der französische Philanthrop Benjamin Appert Hannover, und die »Hannoversche Morgenzeitung« druckte 1846 seine Reiseeindrücke ab: »Es existirt zu Hannover eine höhere Gewerbeschule, welche vierhundert Zöglinge aufnimmt. Dies Institut liefert jährlich Leute welche im Stande sind, wichtige Hüttenwerke, Fabriken, Schmieden, Minen zu leiten, indem sie die Fortschritte der Wissenschaften anwenden, womit man weit reichere und vollkommenere Produkte liefert, als wenn man bei dem alten unwissenden Handwerksgebrauch von ehemals stehen bleibt. Ich glaube, die Regierungen würden sich sehr gut dabei stehen, wenn sie diese Schulen vervielfältigten, welche durch die Arbeiten ihrer Zöglinge hundertmal ersetzen, was sie bei ihrer Gründung kosten.«

Trotz fortschrittsfeindlicher Obrigkeit: Ihren Anfang hatte die hannoversche Industriegeschichte bereits im Jahr 1803 genommen, als der Böttchergeselle Johann Egestorff die von der Pleite bedrohte Kalkbrennerei am Lindener Berg übernahm. Es folgte ein rasanter Aufstieg. »Kalk-Johann« förderte Kalk am Tönniesberg und Steinkohle am Deister, gründete Holzgeschäfte, einen Kohlehandel, Ziegeleien und eine eigene Zuckersiederei. Mehr als ein Drittel der damals 2500 Einwohner in Linden arbeitete für ihn. Sein Sohn übernahm die Geschäfte und gründete unter anderem eine Eisengießerei und eine Maschinenfabrik, aus der später die »Hanomag« wurde.

Die »Hanomag«, Hannovers legendäres Unternehmen, das Herz von Linden und der Antriebsmotor für die Industrialisierung, ist heute nur noch ein marodes Monument. Zwei Baumärkte entstanden vor wenigen Jahren auf dem riesigen Areal, die backsteinernen Produktionshallen stehen leer. An der Schwelle zum 20. Jahrhundert jedoch, als sich Hannovers hart schuftende »industrielle Schwester« Linden um eine Vereinigung mit der reichen Residenzstadt auf dem anderen Ihmeufer bemühte, war die »Hanomag« ein mächtiger Betrieb, der Dampfmaschinen, Kläranlagen, Lokomotiven, Schiffsmotoren, Heizkessel und Traktoren herstellte. Und das »Komissbrot«, den ersten echten »Volkswagen«, der diesen Namen verdiente. Offiziell hieß das Gefährt »Hanomag 2/10 PS«, war 2,75 Meter lang, kostete 2300 Mark, schaffte 60 Kilometer pro Stunde und wurde – als erstes Auto in Europa – am Fließband hergestellt. 1924 hatte es seine Premiere, 1939 aber stoppte die »Hanomag« die Privatwagen-Produktion und nahm sie nie wieder auf. Schützenpanzer hielt man jetzt für wichtiger.

Heute werden fast 14 Prozent der niedersächsischen Wirtschaftsleistung in Hannover erbracht. Größter Arbeitgeber ist mit fast 70 000 Mitarbeitern die 1925 gegründete TUI AG, früher eine Bergwerks- und Rohstofffirma. Bis zur Schließung der Lindener Brauerei blubberten aus den Kesseln von drei Brauereien jährlich rund zwei Millionen Hektoliter Bier. Unter einem kristallklaren, geschwungenen Glasdach am Kronsberg laufen bei der Datenverarbeitungsgesellschaft der Sparkassen (DVG) die Daten von bundesweit 62 000 Geldautomaten zusammen. Und seit 1904 baute die Varta (»Vertrieb, Aufladung, Reparatur Transportabler Akkumulatoren«) gewaltige Akkus aus Blei sowie Batterien aus Zink.

Rund um das Anzeigerhochhaus am Steintor wuchs ein Medienzentrum mit Studios von SAT.1 und RTL, der TV-Produktionsgesellschaft TVN sowie den Radiosendern ffn und Antenne Niedersachsen. Hannover ist – obwohl Rudolf Augstein hier seinen »Spiegel« und Henri Nannen den Vorläufer seines »Stern« gründeten – keine echte Medienstadt. Aber es streckt sich. Jüngstes erfolgreiches Mitglied ist der Rocksender »Radio 21« in Garbsen.

Optisch prägen – neben dem Expogelände – vor allem zwei neuere Gebäude Hannovers Ruf als Dienstleistungszentrum: Der gläserne, etwas zusammengesteckt wirkende Neubau der Norddeutschen Landesbank am Aegi und der nachts blässlichweiß oder rosa angestrahlte Fernmeldeturm »Telemax« in Buchholz, der mit 282,20 Metern Hannovers höchstes Gebäude ist (und damit seinen Amtsvorgänger am Hauptbahnhof, den »Telemoritz« genannten »VW-Tower«, um fast genau das Doppelte überragt).

Wo gearbeitet wird, wird für Arbeiterrechte gekämpft. Am 1. Juli 1890 wurde in Hannover der »Verband der Fabrik-, Land- und sonstigen nichtgewerblichen Hülfsarbeiter Deutschlands« gegründet, damals ein stolzer Haufen ihre Rechte einfordernder Arbeiter aus allerlei Branchen, heute die »Industriegewerkschaft Bergbau, Chemie, Energie«. Deren früherer Vorsitzender Hermann Rappe ließ am Königsworther Platz einen gläsernen Verwaltungsbau hochziehen, der auch dem unnachgiebigsten Arbeitgeber Respekt abverlangen muss.

Hannovers Geschäftsleben wuchs. Und zehrt noch heute vom Ruhm der Produkte aus der Gründerzeit: Pelikan-Füller, Continental-Reifen (der erste Autoreifen der Welt mit Laufprofil), Emil Berliners Schallplatte und Grammophon. Und natürlich die Bahlsen-Kekse. Hermann Bahlsen brachte 1889 nicht nur die Idee für ein lange haltbares Gebäck aus England mit, sondern auch gleich den Namen: Aus »Bahlsen-Cakes« wurde der »Bahlsen-Keks«, obwohl er das Wort, wie er seiner Frau 1911 schrieb, »zu scheußlich« fand. 1905 führte Bahlsen als erster Fabrikchef der Welt das Fließband ein – und schlug bei der Vermarktung seines Gebäcks auch aus dem Patriotismus seiner Landsleute Kapital: 1914 ließ er einen »Heil-und-Sieg-Keks« produzieren.

Die Brüder Bahlsen, Enkel des Firmengründers, haben das Geschäft mittlerweile christlich geteilt: Der eine (Werner M. Bahlsen) ist für die süße, der andere (Lorenz Bahlsen) für die salzige Seite des Geschäfts zuständig.

Hier ist Hannover am höchsten Funkturm »Telemax« am Weidetorkreisel

Glasklare Geschäfte Datenverarbeitungsgesellschaft der Sparkassen am Kronsberg (oben) und Neubau der Norddeutschen Landesbank am Aegidientorplatz

Open Airs 2002
BRO'SIS
VONDA SHEPARD
VAN MORRISON
PETER MAFFAY
RANDY CRAWFORD
THE ROCKY HORROR SHOW
RUNRIG
XAVIER NAIDOO
3. SEPTEMBER
U
Aegidientorplatz

Durchatmen im Durcheinander Pause auf dem Messegelände

Einen guten Ruf erwirbt sich eine Stadt aber kaum durch Kekse, Füllfederhalter, Schallplatten oder Autoreifen. Nach dem Zweiten Weltkrieg bekam Hannover eine Chance, die sich als äußerst folgenreich für die Stadtentwicklung und das Hannover-Gefühl erweisen sollte.

1947 lag die Stadt in Trümmern. 70 Prozent der Häuser in der Innenstadt waren zerstört. Nur jedes 20. Haus konnte wiederaufgebaut werden. Hannover war eine Mondlandschaft. In diese Wüste hinein pflanzten die britischen Truppen, die Norddeutschland kontrollierten, die Idee, dem deutschen Selbstbewusstsein mit einer Export-Messe wieder auf die Beine zu helfen. Das Land sollte sich wieder auf seine eigene Wirtschaftskraft stützen können.

Ursprünglich sollte Düsseldorf Gastgeber sein – aber Hannover setzte sich durch. Mit großem Improvisationstalent stemmte die Stadt eine Mammut-Aufgabe. Der Schwarzmarkt wurde für die dreiwöchige Messe im August 1947 hinter den Hauptbahnhof verbannt, die Stromsperren wurden aufgehoben, die Stadt durfte 50 Volkswagen als Taxis kaufen. 3300 Besucher schliefen in Schulen auf Matratzen (die Sommerferien wurden extra verlängert), ein Zelt wurde zum neuen »Café Kröpcke«, jeder Besucher bekam ein Fischbrötchen. Am Ende wurden 736 000 Eintrittskarten und eine Million Fischbrötchen verteilt. Und eine Tradition nahm ihren Anfang, die viel zu Hannovers Ruf als guter Gastgeberin beigetragen hat: Privatpersonen wurden aufgerufen, Gäste aufzunehmen. Zunächst zierte man sich. Doch als die Stadt versicherte, dass bereitgestellte Messezimmer nach dem Großereignis nicht als überschüssiger Wohnraum beschlagnahmt würden, meldeten sich immer mehr »Messemuttis«.

Nach dem jahrzehntelangen Erfolg der Hannover-Messe feierte 1986 die Computermesse CeBIT (»Centrum der Büro-und Informationstechnik« sagt heute wirklich niemand mehr) ihre Premiere als eigenständige Industrieschau – und überflügelte ihre »Muttermesse« bald. Während der CeBIT ist das Messegelände die drittgrößte Stadt Niedersachsens.

Das große Messegelände war entscheidend für die Vergabe der Weltausstellung Expo 2000 nach Hannover, die 18 Millionen Menschen besucht haben. Das waren deutlich weniger als die erwarteten 40 Millionen, und die meisten Gäste kamen aus Deutschland. So wurde aus dem internationalen Ereignis eher ein nationales. Dennoch profitierte niemand so sehr von der Expo wie die Messe. Für fast eine Milliarde Euro wurde das Gelände in Schuss gebracht. 1,25 Milliarden Euro kostete der Ausbau des öffentlichen Nahverkehrs, 500 Millionen das neue Stadtviertel auf dem Kronsberg. Neue, gläserne Hallen sowie die Expo-Plaza mit der Preussag Arena entstanden.

Heute ist das ehemalige Expo-Ostgelände nur noch ein besseres Gewerbegebiet, wenngleich ein modernes. In zahlreichen früheren Nationenpavillons beginnt sich wieder Leben zu regen. Der niederländische Pavillon wird zu einem Zentrum für erneuerbare Energien, im finnischen Pavillon arbeiten Design- und Multimediafirmen, aus dem ungarischen Pavillon wird ein Büro- und Veranstaltungszentrum, der französische Pavillon ist jetzt ein Sportartikelmarkt, der litauische Pavillon soll ein Handels- und Kulturzentrum werden, im tschechischen Pavillon ist eine Firma für Haarfärbemittel tätig.

»Soll werden«, »ist geplant«, »wird überlegt« – das sind noch immer die wichtigsten Vokabeln, wenn es um die Nachnutzung des Expo-Geländes geht. Wer sich hier draußen ansiedelt, darf sich als Pionier fühlen. Zumeist pustet ein einsamer Wind die Blätter über kahlen Beton. Es wird Jahre dauern, bis das Areal fest in die Stadt integriert ist.

links oben
Dach der Welt Holzkonstruktion über dem Messegelände
links unten
Kegelwirtschaft Kunstinstallation an der Messehalle 26

 Blick über die Messe

Die Zukunft ist stahlblau »Exponale«-Brücke und Blick auf das frühere Expogelände

Der »Bauch von Hannover« Die Markthalle am Köbelinger Markt

Arbeiten in Hannover heißt wirklich: Arbeiten. Trotz des »Metropolenschubs« durch die Expo findet sich nur vereinzelt jene Businesswelt, in der kostümtragende Assistentinnen mittags über Sandsteinplatten trippeln, um in einem marmornen Café mit Bonsai-Bäumchen und Chromtheke einen Latte Macchiato zu schlürfen und ein Salatblatt zu knabbern. Die Bussi-Schickeria hat es nicht leicht in dieser Stadt. Selbst die neuen eleganten Geschäftszentren wie das Ernst-August-Carrée oder der grünlich beleuchtete Tiedthof am Steintor tragen neben einem zarten Hauch von Arroganz immer auch sympathische und entkrampfte Züge. Es muss hart sein, als klassische Hamburger Eis-Ente nach Hannover versetzt zu werden.

Kein »Bussi«. Kein »Tschüssi«. Kein »Gucci«.

In der Bahnhofstraße und der Georgstraße, zwischen Opernhaus und Steintor, drängen sich Teenager beim Turnschuhkauf, Ehepaare beim gemeinschaftlichen Erwerb eines Bademantels für Ihn sowie ältere Damen auf der Suche nach einer Tüte Likörpralinchen von »Trüffel Güse«. Als Einkaufsstadt ist Hannover in der Region beliebt – aber leider ist ausgerechnet das Herz der Stadt mittlerweile optisch eine ziemlich gräuliche Angelegenheit. Neben der neuen Passerelle gibt es umfangreiche Pläne für die Verschönerung des Zentrums: Ein neues Kröpcke-Center, ein neuer Platz rund um die Kröpcke-Uhr, ein edler Neubau an Stelle der früheren Buchhandlung »Sachse und Heinzelmann« – und ein Ende des kaugummibeklebten, verdreckten Waschbetons. Wo auch Hamburger Eis-Enten den Schnabel halten würden: In der »Galerie Luise« an der Joachimstraße und in der Luisenstraße.

Nach dem Einkaufen: Luft holen in der Markthalle. 1955 in nüchterner Zweckmäßigkeit auf den Ruinen ihrer Jugendstilvorgängerin aus Stahl und Glas hochgezogen, wird sie nie eine echte Schönheit werden, reißt sich aber nach einer umfänglichen Renovierung – ebenso wie viele ihrer Stammkunden – mächtig zusammen. Der »Bauch von Hannover« wird sie genannt. Hier macht die Stadt Pause.

Zentren der Geschäftswelt Futuristischer Innenhof im Stadtzentrum und Eingang zur Kröpcke-Passage

Leicht kaufen können Kröpcke-Passage (oben) und Galerie Luise in der Joachimstraße

Schluss mit dem Waschbeton Tiedthof am Steintor (oben) und »Cinemaxx« am Raschplatz

Sparkasse
ANDOR
Hotel Plaza
Classic Sports City

oben
Bei der Arbeit Niemand in Deutschland war so lange Oberbürgermeister wie Herbert Schmalstieg
rechts
Ort der Entscheidungen Foyer des Neuen Rathauses mit historischen Stadtmodellen

10 Ahlem
PAMUKBANK

links
Architektonische Wende zum Guten Gehry-Tower an der Goethestraße
oben
Die drei »warmen Brüder« Heizkraftwerk in Linden-Nord

Luft holen

Blau. Wohin das Auge reicht.

Wo ist Hannover am schönsten?

Die Eilenriede ist heilig

Sophie war »eene klooke Frue«

»The Royal Gardens of Herrenhausen«

Tücher, Strohhüte und Weinflaschen

Die Region ist nicht nur ein Wort

Plötzlich riecht die Luft nach Nordsee

Das neue, alte Hannover

»Bürgerstolz und Kinderfreude war der Wald, die Eilenriede. Sie dehnte sich im Osten der Stadt aus und barg in sich die Vergnügungslokale und Erholungsstätten. Lister Turm, Pferdeturm, Steuerndieb, Bischofshol, Kirchröder und Döhrener Turm. In diesem Wald war der Triumph der Zivilisation deutlich. Hier war wildwuchernde Schöpfung so planvoll gebändigt, hier war die Natur auf so vornehme Art geordnet worden, dass der Hannoveraner mit Recht sagen konnte: das gibt es nur bei uns!«

1971, Karl Jakob Hirsch, »Rückenansicht für Fremde«, aus: »Kaiserwetter«

Blau. Wohin das Auge reicht. Wir stehen knöcheltief im Blauen. Es riecht schon nach Sommer auf dem Lindener Berg, obwohl er noch gar nicht begonnen hat. Es ist einer der schönsten Orte Hannovers, und wir sind nicht allein. Es ist ein Friedhof, und kein Friedhof der Welt könnte friedlicher sein als der Lindener Bergfriedhof während der tausendfachen Blüte der Scilla im Mai. Andere Berge haben einen weißen Gipfel, der zweithöchste Berg Hannovers hat einen blauen. Der »zweithöchste Berg« freilich – das klingt gewaltiger, als es ist: 89,7 Meter beträgt seine exakte Höhe. In Hannover ist alles ein Berg, was höher ist als 20 Meter und nicht aus Beton. Der höchste ist der Kronsberg mit 118 Metern – aber da wurde 1999 ein bisschen nachgeholfen, damit er die Mülldeponie in Altwarmbüchen überragt. Hannover ist und bleibt eine flache Stadt, und das betrifft, bitteschön, ausdrücklich nur ihre Geographie.

Ist es wirklich der schönste Ort der Stadt? Ist nicht der Maschsee bei Nacht schöner? Vielleicht in der Silvesternacht, wenn weit entfernt über der Silhouette des Nordufers fast tonlos die Raketen im Stadtzentrum zerplatzen, das Ufer des Sees aber beinahe im Stillen liegt und das Feuerwerk sich im Maschseewasser spiegelt? Vielleicht liegt Schnee. Vielleicht brennt eine Wunderkerze. Vielleicht ist der See auch endlich einmal zugefroren, und die Schneedecke blinkt matt durch die kahlen Uferpflanzen.

Wo ist Hannover am schönsten? Wer weiß das schon? Jeder wird seinen Ort gefunden haben. Hannover ist ein grünes Königreich, die grünste Großstadt Deutschlands. Fast die Hälfte des Stadtgebiets besteht aus Natur oder Wasserflächen. Die Lindener haben 1885 den Kleingarten erfunden, und die Hannoveraner haben das kleingärtnerische Denken dankbar übernommen. Auf zehn Quadratkilometern (mehr als elfmal soviel wie in Stuttgart), in mehr als 20 000 grünen Parzellen an Bahndämmen und Ausfallstraßen, werden heute bunte Beete, fachmännisches Grillen und die entspannte Sommerkonversation gepflegt. 1899 wurde in der Eilenriede der erste Fahrradweg Deutschlands angelegt. Heute sind 550 Kilometer Wege kreuz und quer durch die Grünzüge der Stadt für Radfahrer reserviert.

Die Eilenriede? Nicht-Hannoveraner kennen den »Bois de Boulogne« in Paris. Aber sie können ihn gleich wieder vergessen. Die Eilenriede ist anderthalb mal so groß wie der Bois de Boulogne, doppelt so groß wie der Central Park in New York, dreimal so groß wie der Hyde Park in London. Mehr als drei Prozent der Stadtfläche Hannovers sind Wald. Die Eilenriede ist ein Kleinod, und sie wurde jahrhundertelang als solches behandelt, seit Hannover sie 1371 als Dank für die militärische Nachbarschaftshilfe im Lüneburger Erbfolgekrieg geschenkt bekam. Mit Vehemenz verteidigt die Bürgerschaft jeden Quadratmeter Wald. Auch wenn sie gelegentlich verloren hat. 1950 wurden große Teile für den Messeschnellweg gerodet. 1998 gingen einige hundert Quadratmeter für den Ausbau der Kreuzung am Kleefelder Pferdeturm verloren.

Und gerade deshalb: Die Eilenriede ist heilig. Wenn sich unter den Immobilienanzeigen in der Zeitung eine günstige Mietwohnung in Waldnähe befindet, etwa in der Kaulbachstraße, sollte man den entsprechenden Bereich während der nächsten Tage großräumig umfahren, um nicht im Strom der Bewerber festzustecken.

Bild vorherige Seite
Entspannen an der Leine

oben
Großstadt im Grünen Blick vom Neuen Rathaus über Maschpark und Maschsee
unten und nächste Seite
Es riecht nach Meer Spaziergänger am Maschsee-Nordufer

Fahren Sie zum Maschsee. Schieben Sie ein paar Radfahrer und Skater zur Seite. Setzen Sie sich an die Uferkante und denken Sie ein bisschen an die Entstehungsgeschichte. Aber bitte nur ein bisschen. 1936 ließen die Nazis die immerfeuchten Maschwiesen zu einem zwei Meter tiefen See ausbuddeln. Tausende fassten mit an. Die Pläne für einen solchen See waren schon älter, aber Arbeitslose zum Sozialeinsatz abkommandieren – so billig ging es erst bei den Nazis. Hannover war trotzdem stolz. Einweihung war am 21. Mai 1936. Ein Propagandageschenk zur Hebung der Volksgesundheit, natürlich. Aber das sieht man heute ja nicht mehr. Beim alljährlichen Maschseefest herrscht Sommernachtsstimmung. Und nahe der Maschseequelle wurde zur Expo wieder eine ähnlich schöne Blumenwiese angelegt, wie sie sich dort schon vor dem Zweiten Weltkrieg befand.

Und trotzdem: Würden der Lindener Berg, die Eilenriede oder der Maschsee jemals in einem Deutschland-Reiseführer in einer Buchhandlung in Alabama oder Hong Kong stehen? Kaum. Aber selbst im knappsten, auf dünnstem Billigpapier gedruckten, mies geschriebenen und längst zerfledderten Low-Budget-Reiseprospekt für Europatouristen, den ein arabischer Händler auf einem Markt in Casablanca verhökert, wird sich unter dem Stichwort »Hanover« der folgende Eintrag finden: »The Great Garden, Royal Gardens of Herrenhausen (Herrenhaeuser Gaerten)«. Für nichts, außer vielleicht die CeBIT, ist Hannover so bekannt in der Welt wie für die Herrenhäuser Gärten, vor allem für den Großen Garten, die einzige vollständig erhaltene Grünanlage aus der zweiten Hälfte des 17. Jahrhunderts, der Blütezeit der barocken Gartenbaukunst. Kurfürstin Sophie, Gattin von Ernst August, ließ dieses Kunstwerk anlegen. »Eene klooke Frue«, wie Zar Peter von Russland dazu anmerkte.

Natürlich folgte der Garten (anders als der benachbarte Georgengarten) dem absolutistischen Weltbild derer, die ihn bezahlt hatten: Die Natur hatte sich, eng in ein Korsett gepresst, dem König als Sinnbild göttlicher Ordnung zu fügen: akkurate Rabatten, gerade Kanten, viel Kies. Die »Große Fontäne« schaffte 1718 unglaubliche 20 Meter, heute schafft sie bei guter Laune und nach einem kräftigen Frühstück 82 Meter. Hier ließ sich Georg Friedrich Händel in lauschigen Sommernächten zu »Wasser-« und »Feuerwerksmusik« inspirieren. 1936 kaufte Oberbürgermeister Arthur Menge den Welfen den Garten ab, ein paar Jahre später zerstörten aber Bomben die Pracht und er wurde zum Gemüsegarten für die hungernde Bevölkerung.

Nichts ist davon mehr zu sehen. Wenn im Sommer Jongleure, Kabarettisten, Zauberer und Tänzer zum »Kleinen Fest im Großen Garten« laden, wenn sich beim Internationalen Feuerwerkswettbewerb zum Klang klassischer Musik glitzernde Kaskaden aus Feuer ergießen, dann sind wir der »klugen Frau Sophie« ein bisschen dankbar. Der Moment, wenn die Beleuchtung der Barockstatuen erlischt und den wartenden Menschen bedeutet: jetzt geht es gleich los – das können vielleicht auch andere Städte. Aber nicht so.

Für das von Laves gebaute, im Zweiten Weltkrieg zerstörte Schloss in Herrenhausen gibt es heute, da sich Hannovers Stadtplaner nicht mehr nur verkrampft um Modernität bemühen, sondern dem Traditionellen wieder eine Chance geben, konkrete Wiederaufbaupläne.

Vom Kräutergarten zum Orchideenparadies Berggarten in Herrenhausen und Mausoleum (rechts)

Ein Geheimtipp ist er nicht, der Große Garten. Anders als etwa der Hinübersche Garten in Marienwerder, eine der schönsten Parkanlagen der Stadt. Oder der Von-Alten-Garten in Linden, der erst seit wenigen Jahren öffentlich zugänglich ist. Der Liebling der hannoverschen Gartenfreunde jedoch ist der Berggarten. 1666 als Experimentier- und Küchengarten für das Herrenhäuser Schloss auf einer 20 Meter hohen Sanddüne angelegt (die der Zahn der Zeit mittlerweile zur Gänze abgenagt hat) beherbergt er heute eine der zehn bedeutendsten Orchideensammlungen der Welt. Von hier aus startete das Usambara-Veilchen, das Hermann Wendland 1893 aus Afrika mitgebracht hatte, seinen Siegeszug durch die Wochenmärkte, Blumenläden und Baumärkte Europas. Und gleich nebenan entstand zur Weltausstellung für 17 Millionen Euro das »Regenwaldhaus«, in dem unter einer Glaskuppel Lianen, künstlicher Nebel, Kleintiere und Pflanzen sich größte Mühe geben, ein Stück brasilianischen Regenwaldes zu simulieren. Mit Kopfhörern wandern die Besucher bis unter die Kuppel und lassen sich unterwegs mit etwas verspielten Informationen über ihre Umgebung berieseln.

Luft holen – das geht heute auch im (noch etwas spartanischen) »Park der Sinne« in Laatzen sowie im Stadtpark, wo 1951 die erste Bundesgartenschau eröffnet wurde, außerdem am Mittellandkanal, der Ende der neunziger Jahre verbreitert wurde, was neue Brückenbauwerke erforderlich machte. Das aufwändigste davon steht an der Podbielskistraße am Geha-Platz, wo die Architekten des Fernmeldeturmes »Telemax« ein futuristisches Stahlgerippe errichten ließen.

In der südlichen Leineaue, die von der Innenstadt bis nach Hemmingen reicht, verfügt Hannover sogar über maritimen Charme. Bachläufe durchziehen Felder und Wiesen, auf denen im Frühjahr das Schmelzwasser des Harzes steht, mit dem das schmale Leinebecken überfordert ist. Ansonsten gehört die Landschaft Spaziergängern, Badenden, Radfahrern und Picknickgästen, die mit weißen Tüchern, Strohhüten und Weinflaschen gelegentlich zu der Illusion beitragen, man befinde sich unter barocken Ausflüglern, die die »brodelnde« Welfenmetropole für einen Nachmittag per Kutsche ins Grüne hinter sich gelassen haben. Kaum findet sich freilich das dröge amtsdeutsche Wort »Naherholungsgebiet« auf einem traurigen Schild am Wiesenrand, verpufft diese süße Phantasie zu Staub.

Oase zu allen Jahreszeiten Leibniz-Tempel im Georgengarten

Und dann? Wenn man wirklich alles Grüne gesehen hat in Hannover? Wenn man am Altenbekener Damm Kastanien gesammelt, im Waterloo-Biergarten ein Gilde getrunken, im Maschsee-Strandbad Sonnenöl geschnuppert, an der Lindenallee im Georgengarten Boule gespielt, am Lindener Ihmeufer ein Würstchen gegrillt, in Kirchrode mit den Füßen im Eilenriedelaub gescharrt hat?

Dann geht es hinaus. Denn so grün diese Stadt auch sein mag: Sie ist und bleibt eine Stadt. So richtig einsam ist man nirgends. Wer Einsamkeit wünscht, muss weg. In der Region, dem breiten Speckgürtel rund um die Landeshauptstadt, gibt es all das, was Hannover nicht bieten kann. Die Region – das ist nicht nur ein Wort. Im Jahr 2001 ist aus dem alten Landkreis Hannover offiziell die »Region Hannover« hervorgegangen, ein Verband von 16 Städten (inklusive Hannover) und fünf Gemeinden mit zusammen 1,1 Millionen Einwohnern und einer Regionsverwaltung, die zahlreiche kommunale Aufgaben wie den Umwelt- und Naturschutz, den Öffentlichen Nahverkehr und das Gesundheitswesen zentral bündelt. Bis zu einer »gefühlten politischen Identität« ist es aber noch ein weiter Weg.

Zwanzig Kilometer südwestlich der Stadt, zwischen Wennigsen und Springe, liegt wie ein riesiger, 23 Kilometer langer nasser Blauwal der Deister, Hannovers »Hausberg«. An klaren Tagen ist er auch von der Stadtmitte aus zu sehen. Hier hat sich eine altertümliche Fitnesswelt aus Wanderwegen, »Trimm-Dich«-Pfaden und Kneipp-Wassertretstellen erhalten. Zum Annaturm auf 405 Metern Höhe hinaufschnaufen, ein Eis essen und wieder zum Parkplatz am Nienstedter Pass hinuntermarschieren – ein perfekter Nachmittag. Noch sechs Kilometer weiter südlich erhebt sich bei Nordstemmen das neugotische Schloss Marienburg, 1857 bis 1866 für Georg V. errichtet, den letzten König von Hannover. Das Gefühl, dort in Filzpantoffeln auf glattgebohnerten Fußböden durch alte Säle und lange Flure zu huschen, misstrauisch beobachtet von den Fürstengesichtern auf staubigen Ölgemälden, gehört zu den Kindheitserinnerungen vieler Hannoveraner.

Im Nordwesten Hannovers, 30 Kilometer vom Zentrum entfernt, findet sich das Steinhuder Meer, der größte Binnensee Nordwestdeutschlands. Plötzlich riecht die Luft nach Nordsee. In Steinhude und den anderen Gemeinden um das »Meer« hängt ein Hauch von Seebädervergnügen in der Luft. Steinhuder Rauchaal ist die Spezialität der Region, und auf dem Wasser vergnügen sich Segler. Größere Boote bringen Besucher zu einer Badeinsel oder zur Insel Wilhelmstein, einem künstlich aufgeschütteten Eiland, auf dem der Graf Wilhelm zu Schaumburg-Lippe Mitte des 18. Jahrhunderts die Festung Wilhelmstein errichten ließ. Der Graf war zwar ein anerkannter Aufklärer und Militärstratege, wusste aber letztlich selbst nicht so ganz, wer von diesem Punkt aus eigentlich was gegen wen genau verteidigen sollte.

Von der Gemeinde Wedemark im Norden Hannovers bis weit in den östlichen Bereich der Region erstreckt sich das Burgdorfer Land mit Heidekraut und Mooren wie dem Otternhagener und dem Bissendorfer Moor, die nach der letzten Eiszeit entstanden sind und unter Naturschutz stehen. In Burgdorf und Umgebung wächst im Frühjahr der Spargel.

Der Magnet im Mittelpunkt der Region aber ist das neue, alte Hannover, Heimat für 515 000 Menschen, von denen in Umfragen regelmäßig mehr als 60 Prozent »sehr zufrieden« sind mit dem Leben in dieser Stadt. Nicht, weil ihnen blinder Lokalpatriotismus den Blick vernebeln würde, sondern weil diese Stadt auch bei klarer Sicht und auch nach der umfassenden Neugestaltung in den vergangenen Jahren prüfenden Blicken standhält. Hannover verstellt sich nicht. Diese Stadt, niemals gleichzusetzen mit der «Stadtverwaltung«, steht zu ihren Stärken und Schwächen. Auch hier machen Menschen Fehler, wie überall, wo gelebt, gelernt, gearbeitet, geplant wird. Aber die Stadt kaschiert nichts. Das Maskenhafte ist ihr fremd. Es passt nicht zur knarzigen, hemdsärmeligen Brummeligkeit seiner Bewohner.

Wohin führt der Weg? Hannover entwickelt sich zurück – in positivem Sinn. Zurück von einer »autogerechten« zu einer »menschengerechten« Stadt. Zurück von einer schamvoll verhüllten Schönheit zu einer selbstbewussten Attraktion. Zurück von einer mittelmäßig begabten, falschen Weltmetropole zu einer spitzenmäßig begabten, ehrlichen Provinzhauptstadt.

Winterwunderland Ein Besucher der »Herrenhäuser Gärten« im Schnee

Ausflug ins Barockzeitalter
Schauspieler beim »Kleinen Fest im Großen Garten« und Feuerwerkswettbewerb

Der größte Stadtwald Europas ist auch der schönste Buschwindröschen in der Eilenriede, Spaziergänger

Blauer wird's nicht Scilla-Blüte auf dem Lindener Bergfriedhof

oben
Ort der Ruhe Am Judenkirchhof

Wasserstraßen durchziehen die Stadt Buchholzer Mühle und Brücke am Mittellandkanal

Fühlen, Hören, Tasten, Sehen »Park der Sinne« am ehemaligen Expogelände

Morgens um fünf ist die Welt noch in Ordnung Liegende Boote am Steinhuder Meer

Pfunde, mit denen die Region wuchern kann Dorfidylle in Isernhagen (links) und Marienburg bei Nordstemmen

Das letzte Licht Kleingärten in Hannover

Literatur

Braum, Michael und Millarg, Hartmut (Hrsg.): Städtebau in Hannover – ein Führer durch 50 Siedlungen. Berlin, Reimer, 2000.

Buchholz, Goetz: Hannover – Geschichten und Geschichte. Hannover, Landbuch-Verlag, 2000.

Dannowski, Hans Werner: »Dann fahren wir nach Hannover« – Ansichten und Eindrücke aus einer Stadt. Hannover, Schlütersche, 2000.

Dannowski, Hans Werner: Hannover – weit von nah. In Stadtteilen unterwegs. Hannover, Schlütersche, 2002.

Dobke, Dirk (Fotos) und Jungwirth, Bernhard (Text): Die List im Wandel – Wohnen zwischen Wasser und Wald. Hamburg: Medien-Verlag Schubert, 1996.

EXPO-Stadt Hannover: richtungsweisend für Nachhaltigkeit. Hannover, Landeshauptstadt Hannover, 2000.

Girndt, Thilo: Was war los in Hannover – 1950-2000. Erfurt, Sutton, 2001.

Hannover – die Stadt der Gärten. Hannover, Landeshauptstadt Hannover, 1992.

Hannover – Haupt- und Messestadt. Ein dokumentarisches Bildheft. 6., überarbeitete Auflage, Hannover, Steinbock-Verlag, 1960.

Hannover überrascht. Hannover, Landeshauptstadt Hannover, 2000.

Hausmann, Wolfgang: Hannover an der Leine. 2. Auflage, Hannover, Schlütersche, 1990.

Hausmann, Wolfgang: Zum Beispiel Hannover. 3. Auflage, Hannover, Steinbock-Verlag, 1979.

Hemmer, Frank D. (Hrsg.): Die lustigen Hannoveraner – heitere und besinnliche Betrachtungen über einen besonderen Menschenschlag. Husum, Husum Verlag, 2001.

Johaentges, Karl (Fotos) und Holz, Eva (Text): Leben am Kronsberg. Hannover, KaJo-Verlag, 2000.

Klein, Diethard H. und Grohmann, Herbert (Hrsg.): Hannover – ein Lesebuch. Die Stadt Hannover einst und jetzt in Sagen und Geschichten, Erinnerungen und Berichten, Briefen und Gedichten. Husum, Husum Verlag, 1987.

Kulturstadt. Hannover, Landeshauptstadt Hannover, 2000.

Leitthema: starker Standort. Hannover, Landeshauptstadt Hannover, 1999. (Schriften zur Stadtentwicklung / Hannover, Band 80,5)

Lindau, Friedrich: Hannover - Wiederaufbau und Zerstörung. Die Stadt im Umgang mit ihrer bauhistorischen Identität. 2., überarbeitete Auflage, Hannover, Schlütersche, 2001.

Lindau, Friedrich: Planen und Bauen der fünfziger Jahre in Hannover. Hannover, Schlütersche, 1998.

Merian: Hannover. Hamburg, Hoffmann und Campe, 1991.

Rischbieter, Henning: Hannoversches Lesebuch oder: Was in Hannover und über Hannover geschrieben, gedruckt und gelesen wurde. Bd. 1: 1650-1850, Bd. 2: 1850-1950, 3. Auflage, Hannover, Schlütersche, 1986.

Städtebau im Zeichen der EXPO 2000: die neunziger Jahre in Hannover. Hannover, Landeshauptstadt Hannover, 2000.

Steinweg, Wolfgang: Hannover - bewegte Zeiten. Die 50er Jahre. Gudensberg-Gleichen, Wartberg-Verlag, 1996.

Toll, Hans Joachim: Das kleine hannoversche Wörterbuch. Herausgegeben von Wolfgang Risse, Hannover, Leuenhagen und Paris, 2001.

Zukunft Hannover: Handlungsprogramm zur Stadtentwicklung 2001-2005. Hannover, Landeshauptstadt Hannover, 2001.

Zur Nedden, Felix: Hannover im Wandel – einst, gestern, heute. Hamburg, Medien-Verlag Schubert, 1998.

Die Deutsche Bibliothek – CIP-Einheitsaufnahme
Ein Titeldatensatz für diese Publikation ist bei Der Deutschen Bibliothek erhältlich.

ISBN 3-87706-671-2

Es gibt Menschen, ohne die es dieses Buch nicht geben würde.
Vielen Dank.

Fotos:
Dirk Meußling

Text:
Imre Grimm

Gestaltung/Satz:
Jörg Becker

Reproduktionen:
Tanja Meußling, Isernhagen

Druck:
Schlütersche DRUCK GmbH & Co. KG, Langenhagen

Druckfarben:
aniva® Euroskala

Papier:
Der Inhalt wurde gedruckt auf 150 g/m² Magno Satin

Schutzumschlag:
veredelt von Achilles Papierveredelung Celle GmbH

Bindung:
Buchbinderei S. R. Büge, Celle